威廉·H.克伯屈(1932年)

哥伦比亚大学师范学院师生合影（1914年）

约翰·杜威（第一排左三），詹姆斯·拉塞尔（第一排左四），

爱德华·桑代克（第一排左五），威廉·克伯屈（第一排左六）

杜威半身像揭幕仪式（1928年）

这具半身像目前仍存放在哥伦比亚大学师范学院的走廊上

克伯屈夫妇与哥伦比亚大学中国学生代表团（1930年）

克伯屈与孙女玛丽·鲍麦斯特
（1955年）

克伯屈于约翰·霍普金斯大学
（1900年）

aurelius, the church of Santaberia in [....]
Take a general external view of the Forum
We go about a little in the shops 6/4

June 4 Tuesday —   About nine N & I with Mrs
Logan and the Baroness Mary von Württem-
burg (?) of Sweden. The last named
acted as interpreter. We went to the Public
(pay) school (scuola) Tua Justinato. Here with little
ado we are shown into a room where two
Montessori trained teachers had marching
about thirty children. Soon these went to
their rooms and we spent most of the
morning with the 1st year pupils under
Sig^ra Anna Guastalla, a bright young woman
of about 21, who has had two years with
Dr. Montessori. Here I saw about a dozen
children (many absent for holidays), all with
white aprons, names or initials on in red.
Teacher in black apron. Children crowd around
and shake hands. The Montessori work was
done. The children seemed free, free
almost to the point of doing nothing at times
The whitherward of it all was not so clear
as might be desired; but I think it better
than merry kindergartens. They wrote
pretty well, drew pretty well. One Mario

克伯屈日记，记录了他在罗马与蒙台梭利的会面情景（1912年6月4日）

The Montessori System Examined

蒙台梭利教育
考察报告

[美] 威廉·H.克伯屈　著

William H. Kilpatrick

丁道勇　译

北京师范大学出版社集团
BEIJING NORMAL UNIVERSITY PUBLISHING GROUP
北京师范大学出版社

/译 序/

蒙台梭利教育在中美两国的兴起和衰落①

克伯屈（William H. Kilpatrick，1871 年 11 月 20
日—1965 年 2 月 13 日）的《蒙台梭利教育考察报告》
（*The Montessori system examined*，1914）是一本重要
的小书。就我目力所及，这是迄今为止世界上第一本
也是唯一一本专门针对蒙台梭利（Maria Montessori，
1870 年 8 月 31 日—1952 年 5 月 6 日）的教育观念和方
法开展系统批评的著作。这本书的出版，助推了蒙台
梭利教育在美国的衰落。不过，我要尽早提醒读者注

---

① 本文前半部分的改稿见于：丁道勇：《克伯屈对蒙台梭
利教育的考察：背景与主旨》，载《教育学报》，2019(6)。［人大
复印资料《幼儿教育导读(教育科学)》2020 年第 4 期转载。］

意的是，克伯屈在本书当中只引用了《蒙台梭利方法》（*The Montessori method*，1912）一书。蒙台梭利的其它著作，诸如《高级蒙台梭利方法》(1912)、《童年的秘密》(1934)、《有吸收力的心理》(1949)等，都不在本书参考之列。

克伯屈曾亲自前往罗马访问蒙台梭利本人，并考察了罗马的数间"儿童之家"(Casa dei Bambini)。同时，克伯屈也是杜威认可的"解释者"。在本书当中，克伯屈对蒙台梭利和杜威的教育思想做了对比。阅读克伯屈的这本小书，我们可以加深对于蒙台梭利教育观念与方法的认识，也可以加深对于杜威教育理论的理解。克伯屈和他讨论的蒙台梭利、杜威都是 20 世纪教育史上的名人，三者都曾经对世界教育产生过重大影响，而且这种影响延续至今（Campbell，1970，p.5）。并且，这三个人的作品都曾经被译介到中国，中国教育界都专门开展过实验。这三个重要人物在思想上的这次碰撞，值得一观。

1907 年 1 月 6 日，世界上第一间"儿童之家"在意大利罗马成立了，距今已 110 余年。悠久的历史增加了批评者的心理成本，也为蒙台梭利教育的推广增强了合法性。近年来，蒙台梭利教育还在中国流行着，蒙台梭利作品的中文译本被反复出版，但是我们很难见到对于蒙台梭利教育的讨论甚至批判。怀特海（2011，p. 14）说："一个哲学体系从来不是被驳倒的；而只是被抛弃的。"我相信，如果对一种教育观念不经批判就接受或者抛弃，那将是糟糕的状况。克伯屈的这本书，可以帮助中国学前教育工作者们以更独立的姿态看待蒙台梭利的教育观念和方法。

克伯屈以及他的罗马之行①

基于以下三个方面，我把克伯屈看作教育领域的一位传奇人物。

第一，克伯屈作为杜威（John Dewey，1859 年 10 月 20 日—1952 年 6 月 1 日）的主要解释者和推广者，无论正确与否都是独一无二的。克雷明（Lawrence

---

① 有关克伯屈的史料，主要取自拜内克（Beineke）撰写的《克伯屈传》(*And there were giants in the land：The life of William Heard Kilpatrick*，1998)。

Arthur Cremin）曾写道："在20世纪20年代最主要的进步主义者中，没有一个人能像哥伦比亚大学师范学院的克伯屈那样同这种观点（注：指杜威关于反省思维的观点）有着如此密切的联系。在那些年里，克伯屈超过其他任何人，被人们公认为杜威理论的主要解释者和推广者。"（克雷明，1994，p. 240）我还注意到，自杜威协会（John Dewey Society）成立以后，克伯屈就长期担任该协会的主席。该协会网站上注明的信息显示，克伯屈的主席任期为1935—1957年。

1898年，时年27岁的克伯屈在芝加哥大学的夏季学校，第一次见到了比自己年长12岁的杜威。当时39岁的杜威尚在芝加哥大学供职，已经建立了自己的实验学校，已经出版了《我的教育信条》(*My pedagogic creed*，1897）等作品。但是，这时候的克伯屈并没有被杜威打动。直到1900年，克伯屈在康奈尔大学的一门夏季课程中，通过讲课教师的介绍接触到了杜威的《与意志有关的兴趣》(*Interest as related to the will*，1903）一书。这本书对克伯屈的触动很大，他写道："这本书为我打开了一个全新的世界，全部教育的起点、教育过程的关键，是个体的兴趣。此外，最好的、最丰富的教育，就始于这种自发的兴趣。……他（注：指杜威）为我做的，我感激不尽。"（Beineke，1998，p. 32）1907年，克伯屈来到哥伦比亚大学师范学院读书，正式成为杜威的学生以及同事。［克伯屈的博士导师是孟禄（Paul Monroe），杜威参加了克伯屈的博士论文答辩，负责提问哲学的部分。另外，杜威在哥伦比亚大学期间受聘于哲学系，并非师范学院。］尽管随后有人批评克伯屈"误解"了杜威的思想，但是在近半个世纪的相识过程中，杜威从未否认过克伯屈这个"最好的"学生。1911年，杜威给克伯屈写信道："你专门问我，关于你对我思想的理解的问题。我认为再也没有比你更富有同情心和智慧的解读者了。"（Beineke，1998，p. 60）作为杜威的解读者，克伯屈曾在自己的日记里写道："我感觉到，我是最适合来解读杜威的人。对于杜威的演讲，甚至那些最聪明的学生有的时候也是听不懂的。如果……我被要求教教育哲学，我将致力于让杜威的观点更能为公众所接受。"（Beineke，1998，p. 60）克伯屈最终得到了这个机会。1913年年底，此前师范学院的教育哲学教授身体健康状况恶化，无法继续执教。于是，克伯屈开始由教育史转教教育哲学。

关于克伯屈和杜威的关系，还有一个让我诧异不已的故事：当时师范学院的孟禄教授曾编纂《教育百科全书》(*A cyclopedia of education*)。孟禄要求克伯屈重写杜威为这部百科全书撰写的条目，使之"适合公众的要求"(Beineke，1998，p. 81)。克伯屈答应了这个要求。也就是说，我们今天看到的《杜威全集》中的那几篇文章，实际上都经过了克伯屈的改写。［杜威撰写的这些条目被收录在《杜威全集·中期著作(1899—1924)：第六卷(1910—1911)》当中。］

第二，克伯屈是"设计教学法"(project method)的推广人之一。1908年，克伯屈在《师范学院记录》(*Teachers college record*)上发表了《设计教学法》(The project method)一文(Kilpatrick，1908)。尽管克伯屈不是"设计教学法"的发明人，但是克伯屈适时引领了这个流行趋势(Knoll，2012)。譬如，克伯屈曾与同样在师范学院初等教育系工作的马克马利(Frank M. McMurry)讨论过设计教学法的问题。［马克马利有关设计教学法的书(即 *Teaching by projects*)出版于1920年。该书也有中译本：马克马利：《设计教学法》，杨廉译，上海，商务印书馆，1930。]进一步往前追溯，设计教学法被认为发源于 17 世纪的意大利，1865 年进入美国。诸如杜威、霍尔（G. Stanley Hall）、帕克（Francis W. Parker）等人都在中间发挥过作用（Knoll，2012）。在 1949 年以前的中国知识界，设计教学法一度被认为是由杜威提出的。我个人也倾向于把设计教学法与杜威在芝加哥实验中应用的"主动作业"联系起来。在美国，克伯屈在 1908 年发表的这篇文章（即《设计教学法》），在随后的 25 年内被印刷了超过 60000 份副本，迅速给克伯屈带来了巨大而持久的声誉。

克伯屈在 1908 年发表的这篇文章，对中国影响颇大。到目前为止，我看到了三个中文译本：其一，《设计法的论理》（见康绍言、薛鸿志：《设计教学法辑要》，第 1 章，上海，商务印书馆，1923）；其二，《基尔巴脱利克论设计教育法》（见太玄：《美国三大教育家之设计教学法主张》，上海，商务印书馆，1925）；其三，《设计教学法》（见克伯屈：《教学方法原理：教育漫谈》，王建新译，329-344 页，北京，人民教育出版社，1991）。设计教学法在 1949 年以前的中国，得到了大规模的实验及应用。著名的案例如下：沈百英

于江苏一师附小做的实验［沈百英：《江苏一师附小初
年级设计教学的实施报告》，载《教育杂志》，1922(1-
3)；沈百英：《设计教学法试验报告》，载《教育杂
志》，1922(6)］；俞子夷于南京高等师范附小做的实
验(该校曾设一所名为"杜威院"的幼儿园)；崔唐卿于
北京高师附小(今天的北京师范大学实验小学的前身)
做的实验(崔唐卿：《小学实施设计教学法》，北京，
平民书局，1923)。此外，那个时期的出版物，诸如
《试》《教师之友》《吴县教育月刊》等，也经常刊发设计
教学法的实验情况。总之，1921—1923 年是中国实行
设计教学法的全盛时期。此后由于"道尔顿制"
(Dalton plan) 的引入，设计教学法受到了一定的冲
击。有趣的是，"道尔顿制"的发明人帕克赫斯特
(Helen Parkhurst，1887—1973)女士是蒙台梭利举办
的第一期国际教师培训班里的一名美国学生。① 1915

---

① 帕克赫斯特的作品(Parkhurst，H.，*Education on the
Dalton plan*，New York，E. P. Dutton & Company，1922.)目前有
两个中译本：帕克赫斯特：《道尔顿制教育》，曾作忠、赵廷为译，
上海，商务印书馆，1924。海伦·帕克赫斯特：《道尔顿教育计
划》，陈金芳、赵钰琳译，北京，北京大学出版社，2005。

年，蒙台梭利接受"全美教育协会"(National Educational Association)的邀约，参加在加州举办的"巴拿马—太平洋万国博览会"(Panama-Pacific International Exposition)。在年底参加完长子的婚礼、返回意大利以前，蒙台梭利设计了一个有玻璃墙的示范班。帕克赫斯特就是在玻璃墙里面执教的那个人。帕克赫斯特后来放弃了蒙台梭利教育的主张，并于1919年建立了著名的"道尔顿制"。道尔顿制在1949年以前的中国有过大规模的实验，得到了包括舒新城、廖世承在内的一大批人的推动，甚至对于克伯屈的设计教学法都形成了冲击。至今，道尔顿制在澳大利亚、韩国、日本等国家仍有实验学校。在道尔顿制当中，教师与学生订立"工约"(contract)，学生在规定的周期(譬如半个月)内，自主安排每天的每个时段学习何种学科的内容。用今日教育界的时髦名词来说，这是一种十分彻底的"走班制"。与蒙台梭利教育不同的是，1949年以前设计教学法的应用和实验一直没有断绝。譬如，1928年陶行知在晓庄师范倡导的"教学做合一"，实际上就是设计教学法的一个变体。"在欧美的新教学法中，设计教学法是对中国影响最大最深的一种。"(丁证霖，1982)时至今日，克伯屈倡导的设计教学法仍有生命力。今天在中国大陆小学流行的"课程统整"（"curriculum integration"，又译作"课程整合"），其前身就可以追溯到设计教学法（Beane，2000，p.12）。

第三，克伯屈是一名杰出的教师和演讲者。在克伯屈生活的时代，收音机尚未流行开来，留声机还很稀少，电影是无声电影，听音乐会、公共演讲是人们主要的娱乐形式。克伯屈就是那种能够给人留下深刻印象的演讲者。譬如，1913年10月31日，他在波士顿的一次演讲现场来了3000人；仅在1916年一年，克伯屈就收到了来自18个州的演讲邀请；仅在1917年一年，他就靠演讲额外挣到了2400美元（克伯屈于1915年晋升为副教授，年薪是3300美元；1918年晋升为正教授，年薪是4500美元）。到了1927年，克伯屈的年薪达到了10000美元，接下来涨到了11000美元。克伯屈和桑代克（Edward Thorndike）、巴格莱（William C. Bagley）一道，成为整个哥伦比亚大学师范学院三位高收入的教授。1929—1930学年，克伯屈的薪水涨到了每年13000美元。此外，他在夏季学校的教学工作还有额外的 2000 美元收入。这使得克伯屈成了整个哥伦比亚大学收入最高的一个人。十年以后，克伯屈带给大学的学费收益，使他得到了"百万美元教授"的绰号。

克伯屈的传奇人生当中有一段和蒙台梭利的交集。1911 年 1 月 11 日，克伯屈顺利通过博士论文答辩，两周后得到了师范学院的助理教授任命。一年以后，蒙台梭利教育已经是纽约的一个十分热门的话题了：《蒙台梭利方法》的英文版，在 1912 年由哈佛大学出版社出版；《麦克卢尔》(*McClure*) 杂志上介绍蒙台梭利教育的一系列文章已经引起了公众的兴趣；蒙台梭利的第一个美国学生安妮·乔治（Anne E. George），在 1911 年开办了美国第一所蒙台梭利学校。在这股热潮下，一批美国教师和教师教育者开始访问罗马。第一批前去罗马访问蒙台梭利和参观蒙台梭利学校的访客，除了克伯屈以外，还包括当时《麦克卢尔》杂志的所有人麦克卢尔（Samuel S. McClure）、完成了著名的双生子爬梯实验的格赛尔夫妇（Arnold L. Gesell & Beatrice C. Gesell）以及众多师范学院（今天美国的很多州立大学的前身）派出的代表团。

1912 年 4 月，克伯屈开始计划去欧洲做夏季旅行，对蒙台梭利的工作进行第一手考察。同行者包括克伯屈在师范学院的同事、初等教育专家希莱加斯（M. B. Hillegas）以及安妮·摩尔（Annie E. Moore）。为了这场旅行，希莱加斯和克伯屈乘地铁来到纽约第五大道，花 50 美元购买了蒙台梭利教具。同时，为保险起见，他们还买了一本二手的意大利语书。可惜的是，4 月 15 日，泰坦尼克号在北大西洋沉没。这个悲剧延迟了包括克伯屈在内的许多人的出行计划。克伯屈的罗马之行要推迟到 1912 年 5 月 18 日方可成行。一行三人乘坐蒸汽轮船"加拿大"（Canada）号，于 5 月 29 日抵达意大利南部的那不勒斯。三人先是参观了当地的历史古迹，然后前往庞贝古城，随后前往罗马。在罗马，他们参观了斗兽场和圣彼得大教堂。因为将要访问蒙台梭利学校以及蒙台梭利本人，他们的观光活动暂且搁置。在参观"儿童之家"之前，三人先参观了受到蒙台梭利方法影响的其它学校。克伯屈最初的印象是："儿童看来是自由的；有时候自由到了什么也不干的程度。"

6月4日（周二），克伯屈和他的同事们终于得到了访问蒙台梭利的机会。可是，克伯屈并不认为这次访问是成功的。失败的原因部分归咎于他们的译员，部分归咎于克伯屈和蒙台梭利的立场差异。他们讨论的第一个话题是"教具"。随后，克伯屈觉得有必要跟蒙台梭利本人确认一下她对于"形式训练"有什么信念。蒙台梭利的回答让克伯屈傻眼了：蒙台梭利从未听过"形式训练"这个概念。克伯屈还就记忆、推理、感觉区分等问题请教蒙台梭利，但是都不怎么成功。在访问结束后，蒙台梭利给了克伯屈一行人一张卡片，允许他们周六参观她的其它学校。在随后的周一（6月7日），克伯屈等人在参观了西斯廷教堂以后，参观了一所蒙台梭利学校。6月12日，克伯屈访问了一所房产公司学校，他写道："在这儿我们发现了最好的学校……（儿童有）不需要别人许可的自由，儿童做自己喜欢做的事，只是不允许吵闹。孩子们可以用材料来做各种建构，而不必像蒙台梭利所指示的那样去做。"无疑，这才符合克伯屈对于学校的期望，他并不喜欢富有争议的蒙台梭利教具。

罗马之行的任务完成以后，三人出发前往比萨。在登完比萨斜塔以后，他们出发前往佛罗伦萨、威尼斯和米兰。6月26日，他们从巴黎登上了泰坦尼克号的姊妹船"奥林匹克"（Olympic）号，于7月3日抵达纽约。

克伯屈利用自己在意大利的见闻，在师范学院内外的各种演讲当中发表自己对于蒙台梭利教育的看法。克伯屈的主要论点是，尽管蒙台梭利方法可能有点儿积极的东西，但是对于美国的教育理论没有什么贡献。克伯屈觉得，他对于蒙台梭利的"形式训练"的批评，最能引起人们的兴趣。蒙台梭利的传记作者克莱默写道："*即使是战前对于她的作品的兴趣达到巅峰的时期，批评之声也不绝于耳。其中，影响最大的就是威廉·赫德·克伯屈，他是杜威的信徒，也是那个时代最知名的教师。*"（Kramer，1976，p. 227）在蒙台梭利于1913年12月6日抵达纽约开始访问美国从而掀起真正的蒙台梭利热潮之前，克伯屈已经成为一个重要的批评声音了。蒙台梭利于1913年年底离开了美国，克伯屈的批判性作品《蒙台梭利教育考察报告》于

1914 年出版。① 等到 1915 年蒙台梭利再次访问美国的时候，她再也不可能得到 1913 年那样的欢迎了。

---

① 坎贝尔（Campbell，1970，pp. 26-27）讨论了克伯屈此书在 1914 年出版以后的实际影响："可能除了博伊德（Boyd，1914）的书以外，克伯屈的批评是最彻底、最全面的了。然而，这本书的影响到底如何，还值得讨论。特南鲍姆（Samuel Tenenbaum）说，克伯屈的批评传播广泛，人们邀请他演讲，使他成了争议的核心。[注：特南鲍姆于 1951 年出版了另外一本克伯屈传记：《克伯屈：教育的先锋》（*William Heard Kilpatrick：Trail blazer in education*），可惜我至今没有看到这本书。]亨特（2001，p. 36）在《蒙台梭利方法》的导言中评论说：'他的小册子在教师和教育工作者中广泛流传，给当时热衷于蒙台梭利方法的人泼了一瓢冷水。'……如果没有确实和数量相当的证据，就很难准确判断《蒙台梭利教育考察报告》这本书在 1914 年的实际影响到底如何。要知道，1914 年正是美国蒙台梭利运动的高峰期，也是蒙台梭利来访的一年。或许亨特是对的，这本书是在那些能够影响甚至决定接受还是拒绝蒙台梭利的人当中流传的。那个时候的哥伦比亚大学师范学院已经成了本世纪（20 世纪）富有影响力的教师训练机构，克伯屈的毕业生占据高位，控制着政策制定和观念的传播。而 1914 年的克伯屈，很快就要产生他那巨大的影响了。"

在美国的第一次兴起和衰落①

　　蒙台梭利于 1870 年 8 月 31 日出生于意大利东部港口城市安科纳。同年 9 月，意大利王国的军队攻占罗马，结束了持续 9 年的内战，建立于 1861 年的意大利王国终于实现了统一。

　　1907 年 1 月 6 日，蒙台梭利 37 岁，第一间"儿童之家"在罗马市中心的圣洛伦佐成立。同年 4 月 7 日，第二间"儿童之家"在同一个区成立。到 1908 年 11 月，罗马和米兰已经成立了 5 间"儿童之家"。"儿童之家"的工作，在一年以后就迅速引起了公众的关注。

───────────

　　①　这部分史料，多取自《蒙台梭利传》(*Maria Montessori*：*A biography*)(Kramer，1976)。与斯坦丁(Standing，1957)撰写的蒙台梭利传记不同，克莱默的这部书史料更详细，行文中的揣测更少。因此，本文在介绍蒙台梭利在美国的这段经历时，主要参考 1976 年的这本书。在一些重要的史实上，这两部书的一些地方存在冲突。凡是我认为有必要的地方，都会逐一标注出来。

从 1909 年 1 月开始，意大利南部的孤儿院和幼儿园开始改革为"儿童之家"，用蒙台梭利的方法和教具替换福禄贝尔（Friedrich Wilhelm August Fröbel）的模式。1909 年，蒙台梭利用一个月的时间整理和撰写了《蒙台梭利方法》这本书。［该书的意大利文书名为：*Il Metodo della pedagogia scientifica applicato all'educazione infantile nelle case dei Bambini*，克莱默将书名译作 *The method of scientific pedagogy applied to the education of young children in the case dei Bambini*。在 1912 年的英文版当中，蒙台梭利的美国学生安妮·乔治把书名译作 *The Montessori method：Scientific pedagogy as applied to child education in "the Children's House"*。这部书目前的中文简体版均译自英文版。中文书名分别被译为：《蒙台梭利方法》（见《蒙台梭利幼儿教育科学方法》，任代文主译，北京，人民教育出版社，2001）、《蒙台梭利科学幼教法》（廖启端译，北京，科学普及出版社，1990)以及《蒙台梭利教育法》（霍立岩译，北京，北京师范大学出版社，2017）。出于方便读者购买的考虑，本书在参考这本

书的中文版时，均采用任代文译本。〕

值得强调的是，1910 年前后蒙台梭利就不再直接参加圣洛伦佐的学校工作了（Kramer，1976，p. 145）。这一年蒙台梭利 40 岁，她辞掉了在罗马大学的职务，并且从执业医师的名单里把自己的名字去掉了，开始致力于传播自己的观念，亲自从事培训教师、监督各个蒙台梭利协会的工作。"**从此以后，她就需要依靠培训课程以及她写的书和教具的版税来养活自己和家人了。这使得她的活动带上了一定的商业色彩。**"（Kramer，1976，p. 156）

与本书相关的部分，就从 1909 年前后开始。蒙台梭利教育在美国媒体上的传播开始于珍妮·梅里尔（Jenny B. Merrill）女士主笔的一系列文章。这些文章于 1909 年 12 月至 1910 年 6 月，陆续刊发在《幼儿园—小学杂志》（*The Kindergarten-primary magazine*）（第 23 卷第 4—10 期）上。可是，事实上这一系列文章并未引起公众的关注，跟不久以后出现的蒙台梭利热没有多大关系。真正给蒙台梭利教育在美国的传播带来实质影响的人物，要数上文提到过的麦克卢尔和安妮·乔治。他们各自与蒙台梭利之间发生了一些关联，最终共同促成了蒙台梭利教育在美国的兴起。

麦克卢尔是纽约的一名媒体人，善于发现能够抓住公众眼球的东西。同时，作为一名媒体人，麦克卢尔曾经向电话的发明人贝尔（Alexander Graham Bell）先生的岳父借用过一批拿破仑时期的绘画藏品。所以，麦克卢尔可以说是贝尔家的熟人。贝尔及其夫人关心教育，而且认识一些真正的大人物。1910 年冬天，麦克卢尔派驻伦敦负责发掘新鲜话题的联络人告诉了他一些关于蒙台梭利的情况。这名联络人是从她的朋友约瑟芬·托兹尔（Josephine Tozier）那里得知这些消息的。约瑟芬·托兹尔曾在罗马待过几个月，参观过蒙台梭利学校并且与蒙台梭利交谈过。麦克卢尔随即邀请约瑟芬·托兹尔就蒙台梭利方法写一篇文章。这篇文章发表在《麦克卢尔》杂志 1911 年 5 月号上。文章以 19 页的篇幅来展示孩子们在"儿童之家"的学习状况。文章一经发表就迅速引起了公众的兴趣，寄给蒙台梭利的各种信函纷至沓来。① 考虑到读者的反应，麦克卢尔邀请约瑟芬·托兹尔写了两篇更长的文章来回应读者的提问。其中，第二篇文章发表在 1911 年 12 月号上，重点描述蒙台梭利的教育哲学。第三篇文章发表在 1912 年 1 月号上，重点描述蒙台梭利教具。

《麦克卢尔》杂志的这些文章，引起了另外一位也许对蒙台梭利教育在美国的传播更加重要的关键人物的注意。众所周知，贝尔是电话的发明人。而多数人不了解的是，贝尔的第一份职业是教聋人。贝尔的父亲是"可视语言"(visible speech)系统的发明人，贝尔曾经利用这套系统来教聋人，并且终生对这项工作保持兴趣。实际上，贝尔的妻子(Mabel Hubbard Bell)就是聋人。贝尔于 1890 年年末，接手岳父创办的《国

① 伊丽莎白·皮博迪（Elizabeth Palmer Peabody，1804—1894)于 1860 年在波士顿建立了美国第一所福禄贝尔幼儿园(kindergarten)(Shortridge, 2007)。[皮博迪同时是著名的霍里斯·曼(Horace Mann)先生的大姨姐。]伴随福禄贝尔幼儿园教育的广泛传播，美国社会很快出现了对于这类幼儿园的批判性反思。蒙台梭利教育在美国的流行，与对福禄贝尔幼儿园的反思甚至怀疑不无关系。

家地理》(National Geographic)杂志。经过贝尔的改造,该杂志取得了巨大的成功。总之,贝尔是一个身居纽约的大人物,并且对教育感兴趣。《麦克卢尔》杂志上刊发的有关蒙台梭利教育的系列文章,引起了贝尔的注意。1912年春季,贝尔在华盛顿家中为自己的2个外孙和邻居家的6个孩子开设了蒙台梭利班。孩子们的教师是罗伯塔·弗莱彻(Roberta Fletcher)和安妮·乔治。

这里的安妮·乔治与蒙台梭利有重大关联。她本是芝加哥的一名小学教师,对于在儿童早期应用游戏进行教育感兴趣。1909年,她的一位在意大利的美国朋友给她写信,提到了罗马和米兰的"儿童之家"。出于好奇,安妮·乔治在当年夏季来到罗马,参观了圣洛伦佐的"儿童之家"并结识了蒙台梭利。在最初的误解被排除以后,蒙台梭利接纳了她、带她去学校、让她看怎么上课。在返回美国时,安妮·乔治带了《蒙台梭利方法》的意大利文版以及一整套蒙台梭利教具。1910年夏季,安妮·乔治重新来到意大利以提升自己的意大利语,并在1910年冬参加了蒙台梭利为期8个月的教师培训课程。(安妮·乔治虽然最初不能说意大利语，但是可以和蒙台梭利用法语交谈，蒙台梭利虽然可以说法语和西班牙语，但是不说英语。）安妮·乔治是蒙台梭利的第一个美国学生。蒙台梭利甚至认为，除了她本人以外只有安妮·乔治有资格培训蒙台梭利教师。安妮·乔治回到美国以后，于1911年10月开办了美国第一所蒙台梭利学校，学校共招收12名家境贫寒的儿童。安妮·乔治也是《蒙台梭利方法》的英译者。该书于1912年4月在美国出版，取得了巨大成功。第一版5000册在4天内售罄，当年的总销量达到17410册。其它能够体现蒙台梭利教育在美国的第一轮兴起的事实包括："儿童之家公司"（House of Childhood）于1911年年末成立，专门售卖蒙台梭利教具；"蒙台梭利美国委员会"（Montessori American Committee）于1912年春季成立，成员包括安妮·乔治、麦克卢尔等人；"蒙台梭利教育协会"（Montessori Educational Association）于1913年春季，在"蒙台梭利美国委员会"的基础上成立。贝尔夫人担任主席，委员包括麦克卢尔、时任美国教育部长克拉克斯顿（Philander P. Claxton）、时任总统威尔逊的女儿玛格丽特·威尔逊（Margaret Woodrow Wilson)以及众多教师、银行家、律师以及基金会管理者。到 1913 年为止，美国的蒙台梭利学校已有接近 100 所。美国人已经准备好了欢迎蒙台梭利的到来。这时候，麦克卢尔再次作为关键人物出场了。

1913 年时，麦克卢尔已经失去了对于《麦克卢尔》杂志的控制权。① 同年，他听说蒙台梭利拍了一部电影，来表现"儿童之家"当中应用的方法。拍教育电影在当时是一件十分前卫的事情。麦克卢尔听说这件事

_____

① 斯坦丁（Standing，1957，p. 62）显然混淆了蒙台梭利在 1913 年和 1915 年的两次美国之行。据他所写，麦克卢尔在 1914 年给蒙台梭利提供了如下的方案："他提出来一个方案，如果蒙台梭利博士赴美并且定居，那么麦克卢尔将完全依据她的观念建立一个学院。钱不是目的，因为麦克卢尔是百万富翁。该学院将设一个招收普通儿童的蒙台梭利示范学校，也有招收缺陷儿童（譬如聋儿、哑儿等）的部门，并配以演讲厅、图书馆等设施。"斯坦丁揣测，因为麦克卢尔是一个百万富翁，是《麦克卢尔》杂志的所有人，所以目的不是赚钱。克莱默（Kramer，1976，p. 172）的书中，提到了一个类似的在美国建立教师培训机构的方案，但是这个提议的时间是 1912 年 6 月份，并非 1914 年。1914 年时，蒙台梭利已然去过美国，返回了意大利。据说，此时的麦克卢尔已经濒临破产，他热切希望蒙台梭利能给他的财务状况带来转机。

情以后，觉得可以做做文章，顺带解决自己的财务危机。1913年秋季，麦克卢尔来到罗马，成功取得了蒙台梭利的授权，他将拥有该片在北美的专属放映权。对于这部电影，麦克卢尔在家信中写道："**我想这就是一棵摇钱树（I think it will be a money-maker）。**"（Kramer，1976，p. 183）蒙台梭利还同意了麦克卢尔提出的访问美国的计划，将于1913年12月访问美国进行演讲和放映。麦克卢尔给蒙台梭利的报酬，是在她本人和一名随行教师费用的基础上，额外支付给她1000美元。同时，在美期间演讲和放映影片的所得，蒙台梭利本人拿净利润的60%，麦克卢尔和另外一名代理人分享余下的40%。

1913年11月21日，蒙台梭利和麦克卢尔一道，经那不勒斯乘坐蒸汽船"辛辛那提"（Cincinnati）号前往美国，12月3日抵达纽约。在美国，蒙台梭利受到了极大的欢迎。《纽约时报》预报了蒙台梭利来访的消息，招待晚宴本计划由威尔逊（Woodrow Wilson）总统在白宫举行。（后来因为流感才未能实现。）12月6日，蒙台梭利在美国的第一次演讲被安排在华盛顿的共济会教堂举行，安妮·乔治是她的现场翻译，同场放映了蒙台梭利拍的影片。下一周，蒙台梭利返回纽约，在卡内基音乐厅演讲，到场者接近一千人，哥伦比亚大学的杜威教授致欢迎词。蒙台梭利的演讲受到了极大的欢迎，于是紧接着组织者又安排了她在纽约的第二场演讲。此后，蒙台梭利出发前往费城，并且见到了当时世界上另一位著名的女士海伦·凯勒（Helen Keller）。安妮·乔治把蒙台梭利的话翻译成英语，海伦·凯勒的老师安妮·沙利文·梅西（Anne Sullivan Macy）把这些英语翻译成手语字母，写在海伦·凯勒的手上。费城之行以后，蒙台梭利返回纽约。在过去的一周内，据说"拿起任何一份报纸，都不可能**看不到她的名字**。"（Kramer，1976，p. 196）此后，蒙台梭利先后到访布鲁克林、波士顿、普罗维登斯、西奥兰治、新泽西（她在这里见到了爱迪生）。在完成对这些地方的访问和演讲之后，她再次回到纽约，在卡内基音乐厅举行第二次演讲。随后蒙台梭利再次出发，先后前往匹兹堡、芝加哥、密歇根，之后返回纽约。**"此时美国人对于蒙台梭利的兴趣达到了巅峰，此后终其一生（注：蒙台梭利逝世于 1952 年 5 月 6 日，和杜威同年）美国人对蒙台梭利的兴趣再未达到过这种**

程度。"（Kramer，1976，p. 203）1913 年年底，蒙台梭利离开美国，结束了她的第一次美国之行。此后，蒙台梭利又曾经数次到访美国。其中，蒙台梭利第二次访美的时间是 1915 年 4 月至 1915 年年底。（在此期间她出现了财务危机。）此后，1916—1917 年，蒙台梭利第三次访问美国，1917 年 12 月底离开。1918 年以后，蒙台梭利再未去过美国。**"因为缺乏本土的领袖人物、知识界对于蒙台梭利博士及其教育系统日渐失去兴趣，一开始承诺会产生实效的这场运动就此开始衰落。"**（Kramer，1976，p. 228）

根据克莱默（Kramer，1976）撰写的这部传记，蒙台梭利在与美国人的一系列接触当中，曾多次因为经济利益而发生龃龉，譬如：1913 年年底蒙台梭利离开美国以后，麦克卢尔继续在美国演讲和放映电影。他没有给蒙台梭利提供这部分演讲和影片的收益。因为此事，蒙台梭利要求麦克卢尔解散"蒙台梭利美国委员会"，取消各种已经确定的演讲和电影放映计划，以及确保她与儿童之家公司的相关合作条款。贝尔夫人的女婿、《国家地理》的格罗夫纳（Gilbert Grosvenor）对此十分不满。在一封写给贝尔夫人的信当中，他写道："我觉得她不知道谁是朋友。我们都知道麦克卢尔先生的缺点，但是我想他对于蒙台梭利女士本人及其观点的推动是完全无私的。她的全部成功都得归功于他……您允许这个协会在急需的时候，借助您的名义、经验，来获得经费支持。但是在蒙台梭利来美国以后，一切情况就都变了。"克莱默（Kramer，1976，p. 156，p. 166)在记录1912年的这段故事时，曾写道："蒙台梭利运动开始成了一桩生意、一种特许的操作，蒙台梭利要在教学材料的版权、官方的教师认定等方面拥有特殊重要性。蒙台梭利的名字成了一个品牌，未经她的授权，不得使用。""如果这套专利性的教具成了蒙台梭利方法的核心，而不是开发这些教具所基于的原理的话，那么事情就更像是做生意，而不是带来观念，更像是一种商业上的冒险，而不是翻开教育历史上的新篇章。"

克莱默对于这段历史的记录，并未聚焦于美国知识界对于蒙台梭利的反应。[①] 实际上，当时除了克伯

①　需要了解当时美国知识界状况的读者，可以参阅《蒙台梭利方法再探》一文的介绍(亨特，2001)。

屈以外，毫不奇怪还会有人对蒙台梭利提出批评意见。[参见坎贝尔（Campbell，1970，pp. 45-63）博士论文第四章提供的线索。]譬如，博伊德（William Boyd）在1914年的一本书中写道：“蒙台梭利系统的一个最让人不满的地方在于，完全忽略了能够直接在审美和道德方面吸引儿童的那些主题。在儿童之家的学生们，不会念诗，不会唱歌，也不会跳舞。从来没人给他们讲故事，他们更没有机会去演戏剧。他们用刷子和蜡笔涂色，但是他们从来不会画画或者做泥塑。他们不接受宗教教学。他们的全部时间看来都花在了苍白的感官上。”（Boyd，1914，p. 245）克伯屈的同事桑代克则对于蒙台梭利的感官训练提出了批评（Beineke，1998，p. 71）。克伯屈从桑代克那里认识到，专门设计的操作和练习，只能得到一些具体的目标或者反应。对于一般迁移的否定，极大动摇了蒙台梭利的地位。克莱默（Kramer，1976，p. 232）在书中用这样一段话做了概括：“回顾当年，情况很清楚，当时美国整个知识界的氛围都与蒙台梭利的基本理论不一致。人们认为她的理论有缺陷，专业教育者也批判她的教学实践。……在这个背景下，蒙台梭利的观念有别于美国教育的主旨，被教师们广泛传阅的克伯屈的书又给她狠狠地来了一拳。"各种影响的最终结果是："1915年以后就没有重要的个人或者团体来应用这个方法了。"克伯屈是蒙台梭利赴美之前，最早一批前往罗马参观访问的人之一。在昙花一现般的蒙台梭利热之后，克伯屈的书正当其时，推动蒙台梭利教育淡出了美国人的视野。①

在中国的第一次兴起和衰落

截至目前，我看到的第一本介绍蒙台梭利的中文书籍由顾树森编译。在该书篇首，顾树森（1914，p. 2）

---

① 关于蒙台梭利运动在美国的第一次兴起和衰落的历史，斯坦丁（Standing，1957，p. 64）的说法是不同的："假如蒙台梭利决定在大西洋对岸（注：指美国）定居和工作，那会发生什么？这真是一个有趣的设想。当然，蒙台梭利运动在美国的历史，是与这个设想相当不同的。事实上，美国的蒙台梭利运动因为与它的源头隔离，缺乏进一步的刺激……因此，毫不奇怪，美国的蒙台梭利运动在一开始的勃兴以后，后继乏力甚至完全断绝了。"斯坦丁的这个说法，充满了各种推测，我不建议采用。

写道:"迩来若英若美,专派学者亲至其地,学习其法,复设研究会以互相讨论,于是各学校之采用其法者日众,而蒙氏教育法之书籍,亦相继出版。日本近亦研究之不遗余力。独于我国,注意于此法者甚少。虽有一二杂志中,略述其梗概,顾皆择焉不精,语焉不详。"这里所说的"一二杂志"的略述,可能是指1913年《教育杂志》和《中华教育界》上陆续刊登的3篇文章。1913年由商务印书馆发行的《教育杂志》(每月10日发行)第5卷第1期上,载有《蒙台梭利女史之新教育法》一文,作者署名"志厚"(樊炳清)。这是我目前见到的最早介绍蒙台梭利教育的中文文章。此外,该杂志1913年第5期上载有《蒙台梭利新教育法之设施》,作者署名"愨生"。在该文文末,作者提到了蒙台梭利教具在美国的售价,约合中国银元80元。同年,《中华教育界》第8期上刊登有《蒙铁梭利女史教育法》,作者署名"我佛"。总之,在发现更早的材料以前,我们可以初步判断中国人对于蒙台梭利的介绍始于1913年。同时,由于顾树森的书是基于英文书籍做的译介,而樊炳清则亲自到访过罗马,因此可以认为樊炳清是中国介绍蒙台梭利教育的第一人。

樊炳清在 1913 年刊出的《蒙台梭利女史之新教育法》一文当中，开篇就写道："近日游历罗马，有最足动人观感之一事，即意大利语之 Casa dei Bambini，可译作'儿童之家'者是也。"(志厚，1913)在樊炳清之外，高凤谦也是较早访问过罗马及蒙台梭利本人的中国人。在商务印书馆 1914 年出版的今西嘉藏著、但焘译的《蒙台梭利教育法》的"序"当中，高凤谦记录了 1914 年春访问蒙台梭利的一些逸事："女教师一人，实习女生二人，英法德美妇人之参观者十余人，男女生徒三十余人，杂居一室。诵读者、习字者、布算者、游戏者、休息者，自由动作。于活泼中带严肃之概。教师循环指导，实习生从而助之。大类家庭之游戏场，几忘其为学校也。""蒙氏语余曰：'今之教授法，以整齐划一为主，不察人类之生理、不审儿童之个性，强使习同一之业，削趾适屦，为害孰甚。'""方问答间，一生持石版示蒙氏，其辞曰'蒙台梭利先生，余之良先生也。'蒙氏含笑，即书其旁曰'某某，余之良学生也。'此生欢跃而去。又有一生以石版书曰'余喜中华人。'余颔而谢之。此生致敬乃退。"商务印书馆 1930 年出版的舒新城所著《现代教育方法》也印证了此事："民国三年春，高凤谦游意大利，曾亲访女士，但不曾有所著述以饷国人。"

随着这些书籍和期刊的介绍，蒙台梭利教育迅速引起了中国人的兴趣。按照张雪门（1929，p.5）的叙述，1914—1915年江苏省教育会曾设立"蒙台梭利研究会"，可惜我并未得到相关的史据。虽然1985年以后的诸多作品都提到了这一点，但是都没有给出史料依据。可以确定的是，当时的江苏省教育会曾设立"蒙铁梭利教具研究会"，1915年3月4日该研究会曾约请柯乐恺夫人介绍蒙台梭利教具。另据报道，当时的商务印书馆和徐家汇工艺厂都曾经仿制过蒙氏教具（莊俞，1915）。总之，在1913年以后的数年时间内，蒙台梭利教育曾经在中国出现过一股热潮。

但要注意的是，即使是最早的对于蒙台梭利教育的介绍也包含批评意见，尽管当不得真。譬如，在第一本介绍蒙台梭利教育的中文专书当中，顾树森（1914，p.116）对于学习蒙氏教育的着眼点就已经说得很明白了："应用蒙氏之法不独在主义、方法与夫教具，而尤在教师之热诚。设无良教师具牺牲教育界之决心、诲人不倦之热诚，纵有良教具、良方法，刻意经营而模仿之，仍恐不能得几分之效果。"这几乎预见到了蒙台梭利教育在中国的后继发展。陈鹤琴在《幼稚教育之新趋势》一文当中，介绍了世界幼儿教育发展的七大趋势，其中第一项是"注重自由活动的新趋势"。在这个部分，陈鹤琴（1927）提到了蒙台梭利，并提出了两项疑问："一、她的教具还是非常呆板，极少变化，什么扣纽扣、系鞋带，什么拼颜色、搭尖塔，什么安放几何形的模块，什么玩弄圆锥形，都是呆板而少变化的东西。扣纽扣、系鞋带这些动作，小孩子应当学的，应当自己做的，我们可以教他解扣他自己的衣服，打结他自己的鞋带，何必一定要他去解扣那布架上的'死纽扣'，打结那布架上的'死鞋带'呢？蒙氏这些教具为低能儿则可，普通的小孩子就要厌其呆板，缺少变化了。二、蒙氏的自由教法，每每使小孩子随意乱弄，其结果小孩子学不了什么东西。小孩子固然要自己学的，但是必须要教师指导的；不然，尝试错误，不知要耗费多少光阴、多少精力呢！从上二点看来，蒙氏的儿童院并不怎样高明；她所主张的是自由，而她的教具实在是太呆板，实在是束缚儿童的自由。"

以上是蒙台梭利教育在传入中国之初，在舆论上的一些反映。当时中国人对于这个新引进的教育实践抱有浓厚的兴趣，热切地想要了解蒙台梭利教育。同时，蒙台梭利教育的一些不合时宜的地方，也一早就被人们注意到了。那么，蒙台梭利教育在当日中国的教育实务领域有何表现呢？

据称，北京女子高等师范学校附属蒙养园（今天的北京师范大学附属实验幼儿园的前身）从1923年开始进行了为期三年的教学实验，是1949年以前明确提出使用蒙台梭利方法的首例。1923年2月，卢岫霞任北京女子高等师范学校附属蒙养园主任。她在原有招生的基础上，专门开设了一个蒙氏班。当时，在园幼儿共计140余人，分为两个班七个组，其中的一个班两个组施行蒙氏教学法，其余的一个班五个组还施行福禄贝尔教学法（吴洪成、张媛媛，2015）。实验取得了成绩，但是很快面临困境。譬如，该实验所需教具过多，对每一名儿童需要投入价值50元的教具。当时政府规定的国民学校、高等小学校校长的月俸不过60元。这是一种有贵族化倾向的教育。很快，这个实验班就停办了。卢岫霞在一次讲演中谈到自己生长在美国，不会讲中文，又说："中国现在，不止没有一个蒙台梭利教育法的学校，且没有人亲受过蒙台梭利的教育，我算是受业蒙氏的第一个人，所以不得不负着介绍的责任。"（卢岫霓，1921，p.1）在这次演讲中，她提到"我初从蒙台梭利学校毕业时，曾带他的器具一套，到北京高师讲演，可说是蒙台梭利教育入中国的开始"。这是指1917年4月发生的一件事。当时，她甫从蒙台梭利的国际课程班毕业，回国后拜见了当时的教育总长范源濂以及总统黎元洪，介绍了蒙台梭利教学法的事。

如果卢岫霓等人的说法可靠，那么可以说从1913年到1923年，蒙台梭利教育在中国还没有大规模的实践。舒新城（1930，p.168）在介绍蒙台梭利教育的观念和实务时曾写道："所可惜者，无实在的统计，不能断定中国幼稚园之采其方法者究有若干。"张雪门（1927）在《蒙台梭利制度和现时的中国》一文中也写道："蒙台梭利教育在我国近十年来幼稚园的成绩，可说是已经失败了。"在她本人所著的《蒙台梭利与其教育》一书中，张雪门（1929，p.5）进一步写道："民国三四年（1914—1915）间，我国江苏省教育会曾设'蒙台梭利研究会'，各教育杂志亦曾提倡，商务印书馆曾仿制其教具，但整个儿采用者尚少。"再举一例，张宗麟(1926)曾于1925年10月1日至10月16日，调查南京、苏州、杭州、绍兴、宁波的16所幼儿园及2所育婴堂。他在文中写道："幼稚教育之来华，尤为近十年间事，故一切设备教法抄袭西洋成法，势所难免。于是所有幼稚教师，非宗法福禄培尔、必传述蒙得梭利。两派虽时有出入、主奴之争，然而其不切中中华民族性，不合中国国情，而不能使中国儿童适应则一也。昔年在陈鹤琴教授儿童心理班上，曾闻此等言论，犹疑陈师言之过甚。"在为期半个月的考察当中，张宗麟见到的幼儿园教育，"除有几所施行新法外，大都均相仿佛"。这些零星的描述与判断，表明1913年以后的十多年内，中国学者确实有过对蒙台梭利教育的热烈介绍，但是蒙台梭利教育在幼儿园的实际应用并不理想。

另一桩教育实务方面的事，发生于1931年。当时的外交部转达了中国驻意大利使馆的来信，教育部回复外交部的公函侧面显示了蒙台梭利教育在当日中国的实况。当时的《浙江教育行政周刊》(2卷27期，

1931 年 3 月 7 日出版)、《湖北教育厅公报》(2 卷 5 期，1931 年 3 月 15 日出版)在转载该公函时，标题均为《我国不适用蒙特梭利教育法》。《教育杂志》(23 卷 3 号，1931 年 3 月 12 日出版)在转载时的标题为《蒙特梭利教育法在华之厄运》。教育部的这则公函，进一步打击了蒙台梭利教育在中国的传播。现转录该公函全文如下。

教育部公函(第 115 号)1931 年 2 月 16 日：《为函送蒙台梭利与其教育一书请转寄蒙台梭利博士并将我国学校实验方法之评论及近日中国幼稚园小学低年级教学情形转送由》：

"据驻意使馆呈称：'兹据 Montessori 博士函送 Montessori 教育方法一册及传习所章程五份并致教育部部长函一件嘱为转送并称贵国如有施用 Montessori 教育方法学校之报告文件乞转请贵国教育部赐寄一二等语，理合检同该函件呈送察收转送并请示复以便转达'等情相应检同原件函请查照并希见复为荷"等因并附送蒙台梭利教育法一册过部。

前准蒙台梭利函请派员前往罗马习其教育方

法等由到部，当经函复并允随时检寄蒙台梭利教育方法华文编译本各在案。

　　查该项教育方法我国学校于十年以前早已实验；当时因力求适合其教学原则起见，并制就蒙台梭利教具应用。惟据实验者言，该项方法，需用教具过多，每个儿童须给以价值华币五十元左右之教具，似觉不甚经济，难以通行于全中国。近日，中国各地方所设幼稚园及小学低年级，大率用设计教学法，利用生活环境，日常所见所闻之事物为教学材料，不甚注重选用较有机械性之特制教具，故对于该项教学方法，仅师其意，实无具体之试验报告可以转达。

　　除检同蒙台梭利与其教育一书，函请贵部转送，以示该项教学方法华文译本之一斑外，相应据情函复查照！

此致
外交部

　　以上是蒙台梭利教育在 1949 年以前在中国的一些零星状况。概括来说，作为一种新近被介绍到中国的事物，蒙台梭利教育在当日中国教育知识界和实务界确实曾经流行过一段时间。但是，无论在思想界还是在实务界，蒙台梭利教育都从未真正成为过主流。

结　论

蒙台梭利本人从未踏足中国，自 1918 年以后也再未访问美国。而蒙台梭利教育却在她去世以后，分别在不同时间在这两个大国复活了①：复活的时间点，在美国可以定位在 1958 年［以南希·朗布希（Nancy Rambusch）在康涅狄格开设惠特比学校（Whitby School）为界（Whitescarver & Cossentino，2008）］，在中国可以定位在 1985 年（以卢乐山出版《蒙台梭利的幼儿教育》为界）。20 世纪早期，蒙台梭利教育在美国经历过从迅速兴起到迅速衰落的类似过程；在同时期的中国，蒙台梭利教育也经历过从迅速兴起到迅速衰落的过程。我想，这段已被忘却的历史是有意义的。克

---

① 据报道（Mathews，2007），截至 2007 年，全美有超过 5000 所蒙台梭利学校，全世界至少有 8000 所蒙台梭利学校。

伯屈在一百多年前出版的这本小书提醒我们，应对蒙台梭利教育保持独立判断。

在我看来，蒙台梭利教育成也教具、败也教具。一方面，这些教具简单、易操作，甚至能直接矫正儿童的错误；教师承诺能实现一些家长看重的目标，譬如阅读、写字、计算。这对于蒙台梭利教育的迅速兴起起到了至关重要的作用。上文对1912年前后蒙台梭利教育在中美两国的兴起和衰落过程的描述，表明了这一点。另一方面，与人们对使用教具的巨大热情相比，蒙台梭利教育的观念基础很容易被忽略。教具似乎成了一门生意，成了蒙台梭利教育的全部。围绕着蒙台梭利的人、消费着蒙台梭利的人，难免有从商的嫌疑。这一点，同样适用于今天的诸位蒙台梭利教育从业者们。

关于蒙台梭利的贡献，我同意斯坦丁（Standing，1957，p. 370）的判断："'发现儿童'是蒙台梭利的伟大成就。"周作人在张雪门所著《蒙台梭利与其教育》的"序"当中，甚至将"发现儿童"与发现人、发现女人并称为现代社会的三大发现。可以说，蒙台梭利有"发现儿童"这个贡献，就足以彪炳史册了。基于这种认识，再加上蒙台梭利对于发展儿童创造性的努力、对于儿童观察的关注，这些都不允许把蒙台梭利教育封闭起来。蒙台梭利教育不应该有某种标准版本，应该不断开拓进取、突破自身。除了"发现儿童"这一点之外，我还倾向于把蒙台梭利本人看作一位伟大的教师。她为儿童教育做出了努力，不仅产生了实效，而且进行了总结和传播，引起了世界各国对于儿童教育的关注。从这个方面来说，我同意樊炳清（志厚，1913）的判断："儿童之宅声闻烂于世界，然要其可称道者，实不在组织、材料、方法之间，而在女史之热心、毅力与其实地之技能。"

关于翻译工作的一些说明

翻译本书的初衷，是为了满足我个人的教学需要。在讲课时但凡提到蒙台梭利，我都会给学生推荐克伯屈的这本书。但是，原书写作于100多年前，颇不容易读，结果学生中的绝大多数人都不耐烦去读它。我在感到无奈之余，才生出了亲自将其译为中文的心思。凡是译过书的人都知道，翻译工作费时费力，而且总会留下遗憾、留下给人诟病的口实。译这本书，实在是因为喜欢这本小书。克伯屈是我喜爱的一位教育哲学家，在1949年以来的教育研究当中，他被过分低估了。借助这本译作，让我的名字和他的名字印在一起，我感到与有荣焉。

中国目前正在进行的教育改革，在很大程度上是在重走当年美国进步教育运动的老路：当时人们提出的学生自由、儿童中心等愿景，仍是今天很多中国教育改革者的愿景；当年探索过的"做中学""项目式学习"等方案，仍在今天中国的课堂上活跃着；当年美国教育界出现的乱象，也在今天中国的基础教育界初步显现。中国教育从业者应该加强对进步教育运动前后相关文献的阅读和介绍，学前教育工作者当然也在其内。

在翻译文本和写作本文的过程中，关于意大利文的一些疑问，得到了万阳卓同学（北京师范大学教育学部2017级硕士研究生）的帮助。她本科专攻意大利语，并在意大利有丰富的生活经验。在检索资料的过程中，哥伦比亚大学师范学院博士研究生赵婷帮我下载到了克伯屈在罗马期间写的日记（1912年6月4日这一天，克伯屈记录了整整四页纸的日记，而不像平常日子那样只有半页纸或寥寥几句）。伊利诺伊大学厄巴纳—香槟分校博士研究生蔡亮亮帮我下载到了坎贝尔（Campbell，1970）的博士论文。这是目前世界上唯一一篇以克伯屈的这本小书为研究对象的博士论文。对于以上各位学友的帮助，我在这里一并谢过。

最后，感谢北京师范大学出版社的鼎力支持。我相信本书可以对中国的蒙台梭利教育研究产生影响。本书针对一种高度操作化的教育方案进行理论讨论，这也可以为中国学前教育的理论化提供一个不错的示范。

参考资料

Beck, R. H., "Kilpatrick's critique of Montessori's method and theory," *Studies in Philosophy and Education*, 1961, 1(4-5), pp. 153-162.

Beineke, J. A., *And there were giants in the land: The life of William Heard Kilpatrick*, New York, Peter Lang, 1998.

Boyd, W., *From Lockes to Montessori: A critical account to the Montessori point of view*, London, George G. Harrap & Company, 1914.

Campbell, D. N., "A critical analysis of William Heard Kilpatrick's The Montessori System Examined,"Ph. D Dissertation of University of Illinois at Urbana-Champaign, Urbana, Illinois, 1970.

Kilpatrick, W. H., "The project method,"*Teachers College Record*, 1908, 19(4), pp. 319-335.

Knoll, M., "'I had made a mistake': William H. Kilpatrick and the project method,"*Teachers College Record*, 2012, 114(2), pp. 1-45.

Kramer, R., *Maria Montessori: A biography*, London, Penguin, 1976.

Mathews, J., "Montessori, now 100, goes mainstream", Retrieved from: http://www.washingtonpost.com/wp-dyn/content/article/2007/01/01/AR2007010100742.html, 2007-01-02.

Shortridge, P. D., "Maria Montessori and educational forces in America," *Montessori Life*, 2007, 19(1), pp. 34-47.

Standing, E. M., *Maria Montessori: Her life and work*, New York:

The New American Library，Inc.，1957.

Whitescarver，K. & Cossentino，J.，"Montessori and the mainstream：A century of reform on the margins," *Teachers College Record*，2008，110(12)，pp. 2571-2600.

Beane，J. A.：《课程统整》，周珮仪等译，台北，学富文化事业有限公司，2000。

陈鹤琴：《幼稚教育之新趋势》，载《教育杂志》，1927(2)。

丁证霖：《设计教学法在中国》，载《课程·教材·教法》，1982(2)。

顾树森：《蒙铁梭利女史新教育法》，上海，中华书局，1914。

教育部秘书处公报室：《教育部公函(第 115 号)》，载《教育部公报》，1931(7)。

亨特：《蒙台梭利方法再探》，见蒙台梭利：《蒙台梭利幼儿教育科学方法》，任代文主译，北京，人民教育出版社，2001。

怀特海：《过程与实在：宇宙论研究》，李步楼译，北京，商务印书馆，2011。

今西嘉藏：《蒙台梭利教育法》，但焘译，上海，商务印书馆，1914。

克雷明：《学校的变革》，单中惠等译，上海，上海教育出版社，1994。

卢乐山：《蒙台梭利的幼儿教育》，北京，北京师范大学出版社，1985。

卢岫霙：《蒙台梭利教育法》，太原，晋新书社，1921。

梁志燊：《蒙台梭利教育思想没有过时》，载《幼儿教育》，2007(7-8)。

刘晓东：《政治改造背景下陈鹤琴的生活和思想》，载《南京师大学报

（社会科学版）》，2012(6)。

蒙台梭利：《蒙台梭利幼儿教育科学方法》，任代文主译，北京，人民教育出版社，2001。

舒新城：《现代教育方法》，上海，商务印书馆，1930。

文化教育出版社：《资产阶级教育思想批判》(第三集)，北京，文化教育出版社，1956。

吴洪成、张媛媛：《蒙台梭利教学法在中国：导入、实践及反思(中)》，载《沈阳师范大学学报(社会科学版)》，2015(3)。

张雪门：《蒙台梭利与其教育》，上海，世界书局，1929。

张雪门：《蒙台梭利制度和现时的中国》，载《新教育评论》，1927(9)。

张宗麟：《调查江浙幼稚教育后的感想》，载《中华教育界》，1926(12)。

志厚(樊炳清)：《蒙台梭利女史之新教育法》，载《教育杂志》，1913(1)。

茝俞：《记新教具之研究》，载《教育研究》，1915(7)。

/ 译者说明 /

在本书当中，克伯屈主要引用了《蒙台梭利方法》，但是并未注明详细出处。为便于读者对照阅读，我在文中相应的地方以夹注的方式注明了中英文出处。其中，中文版选用了当下更容易买到的任代文译本。正文夹注中使用的符号说明如下：

MM-E 指：Montessori，M. ，*The Montessori method：Scientific pedagogy as applied to child education in"the Children's House"*（translated by Anne E. George），New York，Frederick A. Stokes Company，1912.

MM-C 指：蒙台梭利：《蒙台梭利幼儿教育

科学方法》，任代文主译，北京，人民教育出版社，2001。

有兴趣的读者，可以根据夹注中标注的页码，查询蒙台梭利的原书，对克伯屈引用的内容获得更多了解。

目　录

/ 前 言 /

标题已经揭示了本书的目的，就是要对玛丽亚·蒙台梭利博士传播的这些教育学说做一次全面的考察。本书会表明这些学说彼此之间的关联，以及它们与其它类似学说之间的关联。随后，本书会尽笔者所能地考察蒙台梭利博士对于美国教育的贡献。

我深感自己对于许多人亏欠良多，尤其是在本书的内容上。感谢我的同事安妮·E. 摩尔（Annie E. Moore）女士和 M. B. 希莱加斯（M. B. Hillegas）教授。在去罗马考察的途中，他们在整理思想和形成结论方面给了我巨大的帮助。我最应当感谢的两位同事是约翰·杜威（John Dewey）教授和娜奥米·诺斯沃西

（Naomi Norsworthy）教授。他们阅读了书稿，并提出了宝贵的建议。不过，如果让他们中的任何一位为本书的观点负责，显然都是有失公允的。

威廉·H. 克伯屈

蒙台梭利女士的作品，在美国人当中引起了非比寻常的兴趣。她的理论和实践成为教师会议、家长会议当中常被研究和讨论的主题。

在相当多的普通人和一小部分教师当中，这种兴趣甚至达到了狂热的程度。这位意大利教育家的信条，受到那些在"儿童之家(Casa dei Bambini)"计划影响下，在全美各地建立起来的各所学校的大力支持。这些蒙台梭利学校，给美国现有的幼儿园和小学带来了竞争和挑战。对蒙台梭利教育的追随者们来说，这场运动是一种教育上的革命，将会适时的彻底改变儿童教育。

整体来看，教学行业并不受此类迷信的羁绊。教师们想要了解这种狂热的意义是什么，并且出于专业上的考虑想要判断这些教育信条的价值。这些教师虽然是批判性的，但是并不多疑。他们要求这种新教育理论能从对常见教学流程的实际影响的角度来体现其重要性。虽然他们能够容忍新的教条和实验，但是他们同时保有一种常识上的警醒，反对轻易去接受这一类东西。他们更愿意逐一考察这个新方案的各个元素，保留根据自己的判断来选择或拒绝的权利。他们会逐一衡量各种理想化的、激进的方案，甚至是那些在异国土壤上已经取得了成功的实验方案。他们乐于相信，每一场新运动都可能包含有助于教育改进的元素。但是，他们不会完全照搬一种模式来替代另一种模式。他们愿意采取一种更安全的立场，用新模式改造旧模式。

尽管在教育改进的方法上，这两类思想家和实务工作者的重要性值得认可，但是本书的对象主要还是相对来说人数更多的公立学校教师和学区主管。

相对来说人数更少的、英勇的狂热分子们差不多都成了某种派系的领袖或者某种新宣传的追随者。对于构成其信仰的特定理论和实务的批判性分析，这些人并不感兴趣。对于他们来说，某种焕然一新的状态本身才是重要的，至于细节可以留给时间去慢慢矫正。

他们有别于普通的学校领导和教师。对于普通人来说，细节才是重要的。正是基于理论的完备性、实务的有效性，某种制度架构才获得了力量。他们想要了解，蒙台梭利女士的理论与美国人知道的最好的教育哲学之间相距多远。在这样做的时候，他们会诉诸经验，包括科学经验和实务经验，看经验能不能为各种不同的信念提供保证。不仅如此，他们还要判断这些主张能不能取得实务上的成功，以及这样的成绩能不能在美国得到复制。

美国教师的这类恳切的需求，应该得到公正的解答。这本小册子就为我们提供了答案。同时，为了让读者获得更清晰的理解，文中还会辅以历史和逻辑的视角。

一、导　言

蒙台梭利女士①教育思想的源头，已经在她主要作品的英译本《蒙台梭利方法》(*The Montessori method*)当中，以一种简明扼要、引人入胜的方式呈现给读者了。但是关于这个目前已广为人知的故事，仍有必要略加提及。蒙台梭利女士作为罗马大学精神病诊所的助理医师，在大约十五年前对于各种儿童缺陷发生了兴趣。因此，她学习了塞贡关于愚儿教育的作品。② 基于此以及她自己关于低能儿童教育的实验，

---

① 译者注：《蒙台梭利传》(*Maria Montessori：A biography*)的作者克莱默注意到，克伯屈在本书正文中使用的称呼是"蒙台梭利女士"而不是"蒙台梭利博士"。这一点是不是刻意为之呢？称呼拥有博士学位的人为某某博士，这是西方社会常见的做法。蒙台梭利是意大利历史上第一位女医学博士，而克伯屈在本书当中却用"女士"(Madam)来称呼她，这颇值得玩味。

② 译者注：塞贡(Edouard Séguin，1812—1880)出生于法国，后定居美国，是研究智力迟钝儿童教育问题的先驱。在对待精神病患者的问题上，欧洲人曾经使用的方案主要利用强

蒙台梭利提出要把塞贡的方法用到普通儿童身上去。

转上注②

制性的身体操纵以及药物，它们往往会给人造成巨大的痛苦。（中文读者最熟悉的也许是福柯对于疯癫的叙述。）塞贡贡献的生理教育方法（包括道德训练和卫生保健），是现代人能接受的一种更加人道的对待愚儿（以及精神病人等异常人群）的方法。

塞贡相信："在愚儿的所有能力缺陷当中，没有哪一项会致命到妨碍他们动手和运动。这些缺陷的直接结果是妨碍愚儿发展自己的力量，随后的结果是妨碍愚儿得到获取知识的工具。"(Seguin, E., *Idiocy and its treatment by the physiological method*, New York, William Wood & Co., 1866, p. 98)这句话相当关键，体现了塞贡的核心理论：愚儿天生的能力缺陷并不那么可怕，可怕的是这些缺陷让他们丧失了发展机会。塞贡早在1831年就指出过："愚儿并不是不能学习，而只是无法按照一般的教育方法来学习。"(Kramer, 1976, p. 74)那么，塞贡所谓让愚儿学习的方法遵循了什么原理呢？

塞贡把人的活动、心智和意志区分为若干项功能，进而认为："这些功能中任何一个的超常发展都会构成疾病，任何一个的反常都会构成疯狂；与生俱来的任何一个显著缺陷都会构成愚蠢，进而发展成为白痴。生理教育，包括卫生保健及道德训练，是尽可能让年轻人的这些功能重新恢复平衡。……这就是这种方法的心理—生理学原理。"(Seguin, 1866, p. 84)这里的"恢复平衡"是什么意思呢？我认为，关键就是塞贡所说的"替代"："各种感官得到训练，不仅仅是因为它们本身之故，而是因为在某种程度上别的器官也可以成为替代的胃、替代的排泄器官。感官同样要得到训练，这样如果某种能力丧失了，

这里包含了蒙台梭利方法的第一个重要影响因素。在

转上注②

另外的感官就可以成为替代品。"（Seguin，1866，p. 34）概括来说，在塞贡看来，某种功能反常甚至缺失都不是最可怕的。最可怕的，是因为这种缺陷招致的漠视、厌恶甚至仇恨。蒙台梭利在《蒙台梭利方法》中写道："……心理缺陷主要的不是医学问题，而是教育问题。"（MM-C，p. 73）这句话可以认为是蒙台梭利教育理论的核心，它很好地贯彻了塞贡的思想。（关于蒙氏教具与塞贡教具之间的相似性，反而是等而下之的比较了，此处从略。）

此外，蒙台梭利本人也指出过塞贡的影响，她写道："当我还是精神病诊所的助理医生时，就以极大兴趣阅读了爱德华·塞贡著作的法文版。"（MM-C，p. 75）蒙台梭利曾把塞贡的两本代表作翻译为意大利文，并且从头至尾手抄了一遍。其中，一本是法文版的《愚儿及其他发展落后儿童的道德治疗、卫生保健与教育》（*Traitement moral*，*hygiène et Éducation des idiots et des autres enfants arriérés*，1846），另一本是英文版的《愚儿及其生理疗法》[Seguin，E.，*Idiocy and its treatment by the physiolog-cial method*，New York，William Wood & Co，1866. 这本书在美国出版，作者署名 Edward Seguin，该书于 2012 年又有重印本刊出。《蒙台梭利方法》第二章的标题为《关于方法的历史回顾》。在这个章节当中，蒙台梭利多次提到塞贡："我这 10 年的工作，在某种意义上说是对伊塔和塞贡 40 年工作的总结。由此可见，在短暂的两年试验之前，实际上已进行了 50 年的积极准备。如果我说，这些实验代表了从伊塔、塞贡到我——三位医生程度不等地在精神病学的最初阶段连续进行的工作，也并非狂言。"（MM-C，p. 83）

蒙台梭利进行关于缺陷儿童研究的同时，意大利米兰已经出现了一所采用科学教育学的学校。人类学家塞吉成为这项事业的精神领袖。[①] 这所学校强调的是人体测量术和实验心理学当中的测量，尤其是对于感觉的测量。尽管从传播广度和实际影响的角度看，这所特殊学校并不出色，但是科学测量的确成为蒙台梭利方法的第二个影响因素。第三个影响因素是流行的教育理论形成的一般背景。人们或多或少都在无意识中吸收了这一理论，就像对待某种宗教或政见那样未予

[①] 译者注：在《蒙台梭利方法》的第一章，蒙台梭利写道："这所学校之所以受到欢迎，在很大程度上是因为它得到了杰出的人类学家塞吉的热情支持。"（MM-C，p. 53）塞吉（Giuceppe Sergi，1841—1936）的主要学术成就在于人类血统理论，塞吉在方法上反对对头颅宽度和比例的测量，相信头盖骨的整体形态在研究人类血统问题上更有价值。这里所说的"这所学校"，指的是在意大利出现的一所"科学教育学"的学校。这所学校接受塞吉的影响，重视对儿童进行人体测量，期待通过测量来发现真正合理的教育。蒙台梭利学校的"女指导员"也需要做儿童测量和观察、记录工作。因此，可以说蒙台梭利教育也受到了塞吉的影响。

置评。究其源头来说，我们认为这来源于裴斯泰洛齐。第四个影响因素是罗马的一家建筑公司向蒙台梭利女士发出了邀请，请她在他们的样板公寓里成立一家幼儿学校。为了满足对方的需求，蒙台梭利创立了儿童之家，尤其是在制度层面做出了创造性的工作。这四个因素就是蒙台梭利学校的源头。

就本书的目的来说，没有必要去判断蒙台梭利女士在教具方面如何得益于塞贡。没有谁的致谢会像蒙台梭利那样开诚布公，每一个熟悉塞贡作品的人都会为二者之间的相似性感到震惊。然而，二者之间有一个重要的差别：塞贡的主要兴趣是引导那些有缺陷的儿童，让他们获得知识和技能，这将在他们的日常生活中被直接证明为是有用的。但是，稍后我们会发现，蒙台梭利主要关心的是这些练习的训练价值。

科学研究对于蒙台梭利及其教育理论有深远的影响。在把科学概念应用到教育上来的一般愿望上，很少有人能够超越蒙台梭利。有些人迫切希望加强教育的科学研究，迫切希望把科学精神带进我们关于教育实务的态度中来。这些人会称赞蒙台梭利女士的这种坚持，她一再要求回到科学这个要点上来。除了对于教师有科学态度方面的要求，我们发现蒙台梭利教育的具体程序也是基于她的科学经验。例如，教师必须为每个孩子做记录，既有人体测量方面的记录，也有心理方面的记录。这些记录常常被展示给参观者们看。尽管略显突兀，但是我还是要说，此类数据事实上很难发挥什么作用，至多是能鼓励教师保持一种基本的进行儿童观察的精神。另一项对科学态度的应用，是对儿童自由的坚持，认为儿童自由是对教育数据进行科学研究的先决条件。"如果新的科学教育学，"蒙台梭利女士说，"产生于个性研究，那么这种研究就必须从事于对自由儿童的观察。"（MM-C，p.71；MM-E，p.28）此外，改造塞贡的教学材料用来达成训练的目标，这也部分源于蒙台梭利对于自己在感官经验方面的科学研究的应用。然而，必须要指出的是，尽管蒙台梭利女士对于科学态度的兴趣是完全值得肯定的，但是她的科学却不配享有如此高的评价。她的生物学并不是无可指摘的。例如，她声称大蒜可以对肠道和肺部进行消毒。由于某种视野上的狭隘，她对于当前的教育思想和实务状况做了不科学的概括，她似乎仅仅概括了意大利的学校。如果她对于别处的思想和做法有更多了解，那么她的讨论就可能减少许多缺陷，她的体系也可能避免很多严重的遗漏。尤其是，如果她了解冯特在德国的工作，那么她的心理学一定会得到改善。①

----

① 译者注：克伯屈认为蒙台梭利的心理学是官能心理学（参考本书第七部分有关官能心理学的译者注），而冯特则明确反对官能心理学，认为后者并未对准心理学本该关注的研究对象。克伯屈相信，如果蒙台梭利了解冯特的工作，那么她就不会再继续坚持这种古旧的心理学了。（有趣的是，在《蒙台梭利方法》的第一章，蒙台梭利提到过冯特这个名字，尽管她没有再继续讨论下去。）在本书第九部分，克伯屈写道："蒙台梭利女士对已经被抛弃的形式训练或者一般训练的学说仍然抱有信心。所有这些都促使我们认为，蒙台梭利的学说在本质上还是 19 世纪中叶的，比当前教育理论的发展落后了五十年。"这段话当中的"形式训练"的对象，就是官能心理学所说的"官能"。

尽管存在所有这些缺陷，我们还是不应该忘记，我们在教学领域对于科学态度和科学信念的关注太少了。这一点让我们感到羞耻。在教育史上，很少有人像这位意大利医生那样，能够如此彻底地打破眼下的学校传统。摒弃传统，致力于科学，这是一项非比寻常的成就。并且，由于创新者是一位女性，这项工作显得更加不平凡。秉持一种真正的科学实验精神，蒙台梭利女士设计了她的教育实践和机构。这样一种有意识的科学创造，与美国及别处幼儿教育中流行的保守主义和神秘的蒙昧主义之间，形成了强烈对比。无论对这种努力取得的成就抱有什么态度，都不会有人不赞成蒙台梭利女士的那种卓绝的努力，即基于高度科学的概念来建立一套完整的学校流程。

在随后的讨论当中，我将假设读者已经熟悉了蒙台梭利女士的主要作品《蒙台梭利方法》，并且对于蒙台梭利教具也是熟悉的。我的主要工作是要考察蒙台梭利系统，评估其对于美国教育的价值。我将特别关注儿童之家的优点，把儿童之家作为幼儿园(kindergarten)①的竞争对手。最后，限于篇幅，只有那些蒙台梭利体系的关键性元素，才会在这里得到考察。

---

① 译者注："kindergarten"一词在美国有独特用法。美国的"kindergarten"招收的儿童，在年龄上大致相当于中国幼儿园的大班孩子。中国幼儿园的小班和中班孩子，在美国可以对应于 nursery school 和 pre-kindergarten 的孩子。实际上，美国的公立小学多附设 kindergarten 甚至 pre-kindergarten。Kindergarten 是美国学校教育的起点，亦即一般所谓 K-12 教育中的 K。公立学校中的 K 年级和其它年级一样免费入学。就中文语言习惯来说，"kindergarten"在美国的这种用法，约略对应于中国的"学前班"。但是，因为本书考察的蒙台梭利教育在被引进中国时并不针对学前班，而是用在整个幼儿园阶段，所以我把本书用到的"kindergarten"统一译作"幼儿园"。

二、教育即发展

　　教育应被理解为一种由内而外的发展，这是蒙台梭利女士的基础学说。当然，这个观念本身是旧的。卢梭、裴斯泰洛齐以及福禄贝尔都是这个观念最著名的倡导者。① 这个观念在塑造我们今天的教育实践方

---

　　① 　译者注：照霍恩（Horne，1933，p. 62）对杜威《民主与教育》的解读，"教育即发展"有两种含义：第一，发展意味着持续不断地成长。第二，发展意味着个人内在的某种潜伏力量的展开，并朝向确定的目标。（Horne, H. H., *The democratic Philosophy of education*：*Companion to Dewey's Democracy and Education*, *exposition and comment*, New York, Macmillan, 1932.）杜威秉承第一种发展观，并批评卢梭、福禄贝尔以及黑格尔等人秉承的第二种发展观。克伯屈实际上也有这么个立场。这里的第二种发展观，在《民主与教育》第五章中被概括为"教育即展开"（education as unfolding）。（同上，第62页）

　　举例来说，卢梭主张的自然教育观就是一种典型的"展开"理论：卢梭认为，社会是邪恶的、压迫的，社会压制了自然的力量，曲解了儿童内在的发展进程。因此，采用一种因应自然的教育，是避免个人受到已有文明的败坏和奴役、创造一个新的和更好的社会的最有保障的方法。在这里，"自然"处在与"社会"相拮抗的位置上。要注意的是，这里的"自然"既不是"人"

面的价值毋庸置疑。然而，这个学说本身的局限性却

——————
转上注①

的因素，也不是"事物"的因素，而是儿童与生俱来的能力。所以，"自然"的教育要在"人""事物"和"自然"三大教育力量之中首选最后一个。卢梭告诫人们，"人"和"事物"的教育，都要与"自然"的教育相配合。这里的"自然"指的就是"展开"理论当中的那种"个人内在的某种潜伏力量"。卢梭写道："大自然希望儿童在成人以前就要像儿童的样子。如果我们打乱了这个次序，我们就会造成一些早熟的果实，它们长得既不丰满也不甜美，而且很快就会腐烂。"（卢梭：《爱弥儿》，李平沤译，91 页，北京，商务印书馆，1996。）"要尊重儿童，不要急于对他做出或好或坏的评判。……让大自然先教导很长的时期之后，你才去接替它的工作，以免在教法上同它相冲突。"（同上，第 118-119 页）也许关于卢梭最著名的引文，是来自于《爱弥儿》开篇第一页的这一段："出自造物主之手的东西，都是好的，而一到了人的手里，就全变坏了。……偏见、权威、需要、先例以及压在我们身上的一切社会制度都将扼杀他的天性，而不会给他添加什么东西。他的天性将像一株偶然生长在大路上的树苗，让行人碰来撞去，东弯西扭，不久就弄死了。我恳求你，慈爱而有先见之明的母亲，因为你善于避开这条大路，而保护这株正在成长的幼苗，使它不受人类的各种舆论的冲击。"（同上，第 2 页）这段话当中所说的"天性"，在民间教育讨论当中流布之广泛、影响之深远，罕有别的概念能与之相匹敌。与之相比，杜威、克伯屈对于此类发展观念的批评，在民间教育讨论中却很少被提及。教师务必要关注民间教育观念的这种知识局限性，教师职业的专业属性要求教师的教育思想能够超越民间教育讨论的水平。

很少被人们清楚地意识到。作为发展的教育，就好像是给某些稀少的或者不知名的植物提供的照料。园丁需要去发现和提供一些条件，在这些条件的作用下，植物可以最充分地展现自己的特点或者被培养得最为充分。但是，这样的比拟显然不充分，否则愤怒以及别的丑陋的或者古怪的冲动，岂不是要与我们更为珍视的东西一样得到充分与直接地表达了吗？与"心血来潮"这个词相联系的各种坏名声就说明了这一点。事实上，生命就体现在对我们是什么的表达上。长远来看，生命的最终结果就在于得到更完满的表达。在何种条件下，此类表达有可能发生？这些条件当中与人相关的部分，构成了文化环境的内容。人学会用特定的方式行动，可以更好地表达自己。在衣着、住所、获得和加工食物的过程中，在艺术和文学当中，与在伦理和法律当中的情况一样。"文明的遗存"包含的是关于我们是谁的充分表达乃至最完满发展的全部手段。

因此，教育事实上就是个体可能的、最充分的发展。但是，如何确保这种发展，这个任务与了解文明本身的复杂性一样困难。这句话包括，在按照冲动生活的过程中，去把握文明的这种复杂性。更准确地说，把握环境和表达自我这两个元素，是同一个过程的外在与内在的两个方面。如果脱离对方，那么这二者本身既无意义，也不可能。只是在这一更广泛的意义上，我们才可以说教育是个体发展。

与此相反，有些人采取了之前提出过的立场，认为在某些独特的方面，所有儿童与生俱来的本性当中包含了他们将要成为的东西。正是根据这种观念，我们才应该像园丁那样照料儿童，确保天分可以妥善地指导自身的展开过程。这就是蒙台梭利的观点。"儿童有成长着的身体，有发展着的心灵……我们既不要损害也不要窒息存在于这两种生长形式之中的神秘力量，但是我们必须等待，我们知道，这种力量的表现形式将陆续展现出来。"（MM-C，p.126；MM-E，p.104）"现代儿童教育的概念必须是也只能是促进儿童个人身心两方面的发展。"（MM-C，p.161；MM-E，p.115）"如果要使教育产生效果，那就应该促进生命的充分发展。"（MM-C，p.113；MM-E，p.87）

这一教育学说，既能带来良好的结果，也蕴含着危险。在过去，这个学说带来过不明智的强调以及错误的实践。我们已经看到，这个学说蔑视这样的价值观：人对于反复出现的问题总是可以找到解决方案。事实上，这个理论很容易导向卢梭那种对于人的整个制度生活的反对，尽管未必要指向卢梭。进一步来看，这个学说无法为一些有用的现代观念提供充分说明，譬如什么是智力以及如何通过自我指导来适应新环境。如果发展是对于预先设定的东西的展开，那么适应就是先于这个情境的，而不必去参考情境中新的方面。这种预设的适应，在一些昆虫身上被证明为是成功的，例如胡蜂。因为，在胡蜂的例子当中，环境是相对稳定的。然而，对于人来说，每一代人都在发现和创造新的情境。如果教育是为变动的环境做准备，那么它的基本概念就必须结合对于事实的认识。更进一步来看，这种错误的教育观念给儿童自由的学说提供了一种错误的、误导性的基础。如果儿童已经独立具备了将要命定去实现的东西，那么教师的责任不过就是允许儿童充分表达这些被给定的东西罢了。但是，众所周知，这种自由学说早就已经声名狼藉了。结果，许多人干脆在学校反对任何自由的方案。把对自由的追求放在虚假的基础之上，结果本来的支持者反而成了最大的反对派。根据她关于教育本质的学说，人们会得出所有这些有异议的结论，这对于蒙台梭利女士来说是不公平的。虽然她没有走到这一步，没有进行足够连贯的思考，但是我们仍然可以得出这样的结论。人们可以根据其它时代的那些在逻辑上类似的学说得出这些结论。因此，我们要抵制蒙台梭利的发展学说，这个学说是不充分的、误导性的。这个学说的有用元素被错误遮蔽了，发展只被等同于潜能的展开。

三、主张自由的学说

这里提出的问题是，儿童应该在多大程度上根据自己的选择来决定在校内的活动。这个问题首先被卢梭提出来了。他关于自由的教育价值的主张，对于所有随后的教育思想都产生了复杂的影响。福禄贝尔也强调类似的学说，但是将其放在了虚假的基础之上。[①]

---

① 译者注：福禄贝尔在《人的教育》第一段中就开宗明义，陈述了他的教育思想的根据，也就是克伯屈在这里所说的"虚假的基础"。福禄贝尔写道："有一条永恒的法则在一切事物中存在着、作用着、主宰着。……这条支配一切的法则必然以一个万能的、不言而喻的、富有生命的、自觉的、因而是永恒的统一体为基础……这个统一体就是上帝。"(福禄贝尔：《人的教育》，孙祖复译，5页，北京，人民教育出版社，2001。)进而，"人的教育就是激发和教导作为一种自我觉醒中的、具有思想和理智的生物的人有意识地和自决地、完美无缺地表现内在的法则，即上帝精神，并指明达到这一目的的途径和手段。"(同上，第6页)

问题是，如果有一条支配一切的法则，教育岂不是不存在个人自由这样的东西了吗？福禄贝尔怎么才能把"自由"和"法则"统一到他的教育思想中来呢？福禄贝尔写道："在良好的教育、地道的教学和正确的训练中，必须和应当由必然唤起自由，关于这一点，前面已经讨论过了。在当前教育界，杜威教授是这一观念最著名的倡导者。

转上注①

法则唤起自决，外来的约束唤起内在的自由意志，外来的仇恨唤起内在的爱。在仇恨产生仇恨，法则产生欺骗和罪恶，压制产生奴性，必然产生盲从的地方，在压制否定一切、贬低一切以及重负压人和普遍化的地方，在严厉和刻薄引起反抗和虚伪的地方，任何教育、训练和教学的作用便遭到破坏。"（同上，第13页）换句话说，如果仅仅是对各种必须和应当的顺从，并不能体现真正的上帝精神。"父母作为上帝指派的监护人应感到并认识到自己对儿童和对人类的责任。"（同上，第15-16页）这种责任是什么？每个儿童虽然由父母生养，但是同时是人类的一员和上帝的儿女。所以，每个儿童兼具人类属性和上帝精神。正因为如此，"人和人身上的人性应当被看作外表的现象，不能看作一种已经充分发展的、完全形成的，一种已固定、静止的东西，而应当看作一种经久不断地成长着、发展着的，永远是活生生的东西，永远朝着以无限性和永恒性为基础的目标，从发展和训练的一个阶段向另一个阶段前进的东西"（同上，第16页）。"在作为人类一员和上帝儿女的每一个人身上包含着并体现着整个人性，但它在每个人身上是以完全固有的、特殊的、个人的、独一无二的方式被表现、被塑造……"（同上，第16-17页）

总括来说，福禄贝尔相信教育要遵循上帝的永恒法则，这个法则并未对人的发展目标做固定的规划，而是要求对个别人在此前的章节中，我们看到包括蒙台梭利女士在内的一些作家都倾向于缩小发展概念，把发展等同于展开那些原初被给定的东西。更进一步，这些作家倾向于认为自由学说不过是发展概念的推论。这就是说，如果儿童未来的整个生活，已经在他出生时就在他的本质上被给定了，那么显然这样的本质就必定是允许展开的。这是蒙台梭利女士自由概念的出发点。"我们不知道，"她说，"窒息孩子刚刚开始的积极

转上注①

的教育朝向"无限性和永恒性"，以此来体现个别人身上的人类属性和上帝精神。至此，福禄贝尔就为教育过程中的儿童自由做了辩护。

一线教师万万不要轻视这样的理论辩护，以为辩护过程不重要，重要的是结论。要知道，同样是主张自由，但是所依据的理由，是区分这些主张品质高下的根本。有的人主张儿童自由，纯粹是出于一种泛滥的母爱，对于儿童自由的长远影响不闻不问。有的人对自由的主张，则是全面思考的结果，对于儿童整个生涯进行了系统思考和规划。我不相信前一类主张，但是重视后一类思考。同样是做教师，有的教师是在执行和完成机构的任务，有的教师是在探索、检验和形成自己的教育主张。后一类教师摆脱了受奴役者的角色，在工作中成了自己的主人。

的自发行为的后果是什么，也许就是窒息了生命本身。人类在幼儿期展现的智慧……我们必须以宗教般的虔诚尊重儿童早期的个性表现。如果要使教育产生效果，那就应该促进生命的充分发展。要起到这种作用，必须严格避免抑制孩子们的自发活动，避免蛮横无理地强加各种任务来加重孩子们的负担。"(MM-C，p.113；MM-E，p.87)

但是，与蒙台梭利女士的心意更接近的，显然是作为科学研究对象而被要求的儿童自由。"如果科学教育学一旦在学校里诞生，那么，学校必然会允许孩子们自由地和自然地表现自己……"(MM-C，p.62；MM-E，p.15)目的是体现儿童的"完全自由"(MM-C，p.72；MM-E，p.29)。"如果要从观察儿童的自发表现中寻求结论，以建立真正科学的儿童心理学，则必须如此。"(MM-C，p.72；MM-E，p.28)应用自由的另一个理由，可以从蒙台梭利的信念中找到："纪律必须通过自由而获得。"(MM-C，p.112；MM-E，p.86)这里的纪律意味着自我控制。"当一个人是自己的主人，……我们就可称他是守纪律的人。"(MM-C，p.112；MM-E，p.86)对这个富有教益的建议，我们稍后再讨论。

基于这些考虑，一个教育系统被设计出来，为蒙台梭利学校里的儿童个体赋予了极大的自由。蒙台梭利学校和正规的、传统型幼儿园之间的对比，可以提供一个蒙台梭利程序的清晰图像，同时表明蒙台梭利自由概念在实际中的表现。最明显的差别体现在教师的作用上。在一般幼儿园当中，教师明显是室内活动的核心和裁判。而在某些方面，蒙台梭利系统中的女指导员(directress)是不同的。① 幼儿园教师时刻考虑的都是学生群体；而蒙台梭利学校的女指导员则往往会和个别儿童或者两到三个儿童交谈。幼儿园孩子从

------

　　① 译者注：蒙台梭利写道："用我的方法，的确是教师教得少，观察得多。此外，她的作用是指导孩子的心理活动和生理发展，因此，我把教师这个名称改为指导员(directress)。"(MM-C，p.173)她又写道："当孩子做练习，而且教具本身会使孩子检查出并纠正错误的时候，教师除观察外，什么也不必做。因此，她更多的是一个心理学家而不是教师……"(MM-C，p.173)可见，蒙台梭利学校把教师改称指导员，是为了倡导一种对教师角色的改变："蒙台梭利不要求'女指导员'进行一般的教学，而是要求她十分熟练并作出极为艰苦的努力。她必须会观察、帮助、鼓励、建议、指导、解释、纠正和禁止。"(MM-C，p.22)

事的活动是一些有指导的集体活动；而每一个蒙台梭利学校的儿童都会单独作业，当然也可能有一两个小伙伴在旁边观看或者提供建议。室内安排也体现了类似的对比。幼儿园里有一个圈，围绕这个圈所有的孩子都可以集中起来，也有用来做集体活动的桌子；蒙台梭利学校的房间更倾向于按照孩子们的心愿来摆放一张张独立的小桌子。（不过，根据笔者的观察，这种摆放与正式的、一排一排的排列方式没有什么区别。）蒙台梭利学校的课时较长，有两小时或者更长；幼儿园的课时很少超过半小时。实际上，在这段指定时间内，所有的蒙台梭利教具都向全体儿童（非常年幼或者新加入的儿童除外）开放，儿童自己自由挑选教具；幼儿园老师则会精心安排在每个时间段内将要用到何种教具。蒙台梭利学校的儿童可以根据自己的选择行事，并且只要自己乐意，也可以把教具换来换去。只要他乐意，他甚至可以什么都不做。在传统幼儿园当中，儿童在同一个时间段内使用同一个教具，而且常常要接受教师的安排和指导，教师告诉他应该做些什么。有时候，孩子们可以自由搭建或者说话，而不管在这个时间段教师要求他们用"恩物"①干什么；蒙台梭利学校的儿童每个人都在完成自己选定的任务，就像我们已经说过的那样，是相对独立地工作，他边上的伙伴可能只是看一看。除了偶尔情况以外，女指导员在整个时间段内都不会干预儿童。在幼儿园里，孩子们无论做什么都待在一起。例如，围在桌子旁边接受教师的指导。由于可以不受女指导员的影响自由选择，蒙台梭利学校的儿童学会了自立。他们以一种个别化的方式来学习尊重周围人的权利。幼儿园儿童则通过适应社会压力来学习服从社会标准，依靠保育员的和善心灵来落实社会标准。幼儿园的儿童之所以自信，是因为他们清楚掌握了成人确定的各种习俗，所以无

———————

① 译者注：福禄贝尔设计的"恩物"，构成了福禄贝尔教育中的教具。福禄贝尔认为，自然是上帝的恩赐，是人类认识上帝的大学校，使用恩物就是通过对自然的简易模仿来实现儿童教育的目的。福禄贝尔设计的第一种恩物是由各种不同颜色的软球组成的。球上连着一根线，便于人们操作。比如，母亲操作小球做摆动、下落、投掷等动作，可以帮助儿童形成空间概念、有无概念、颜色概念等。总之，恩物不等于玩具，有教育上的用意，甚至与福禄贝尔的世界观有所呼应。今天，我们还可以在网上购买到全套福禄贝尔"恩物"。

忧无虑。对于权威的认识，有时也是他们这种自信心的一部分。很显然，在蒙台梭利学校当中，孩子们拥有异乎寻常的自由。

对于蒙台梭利学校的这种巨大自由，人们很容易以为一定会出现秩序混乱。事实并非如此。首先，女指导员不允许"毫无益处的或危险的行为，对这样的行为必须制止和杜绝"（MM-C，p.113；MM-E，p.87）。"孩子们的自由，就其限度而言，应在维护集体利益范围之内……"（MM-C，p.112；MM-E，p.87）"绝对严厉"在特殊场合是被允许的。尽管这些表达可能被解读为强迫和压制，但在实际中女指导员很少需要做主动干预，比人们想象得要少很多。在某一次参观当中，笔者看到一个男孩子突然拽了另一个人的头发。但是，这件事很快就平息下去了，没有人注意到这个小插曲。整体上，孩子们就像一群小蚂蚁那样忙碌着。有时候，这种噪声可能让另一部分人感到厌烦，因为他们自小就在这样的观念指导下长大，相信儿童要在成人视线以内，但是不准发出噪声。这或许是对的，但是任何对噪声的反对，都可能出于传统而非正义。对笔者而言，对于个体自由的倡议十分有吸引力。

在学校活动中，何种自由是可欲的、可能的？对于目标而言，我们从幼儿园经验出发提出下列四个问题就足够了。(1)为什么让儿童练习自由选择？(2)如果允许自由选择，如何保障群体活动中的合作？(3)如何确保儿童获得必备的知识与技能？(4)我们如何确保出现符合社会标准的行动？严格来说，这些问题可能会相互交叉。不过，我希望在讨论中能够回避这个困难。

为什么让儿童练习自由选择？可能的回答预设自由与否取决于个体。任何对个体自由的侵犯，都要有正当的理由。即使我们是在讨论儿童问题，笔者也希望接受这个理由。然而，我们并不需要基于这一点来进行论证。在此之外，有一些更急迫的理由更为可信。在民主社会当中，自主必须成为教育的目标。那么，儿童怎样才能成为自主的人呢？一个人可以在没有水的情况下学会游泳吗？为了成为一个自主的人，这个人就必须进入生活本身，在其中自己决策、选择和承担责任。在行动领域，这无疑就是某种"意志"的行使；在思考得更为理智的层面上，情况也同样如此。在杜威教授的影响下，这已经成了一个共识：如果没有感知到问题和受挫的冲动，就没有所谓的思考。教师指定的问题，对孩子们来说往往并不是问题。一个由别人提出的问题或者虚假的问题，很难引人入胜。真实问题会在真实生活历程中出现。这时候，儿童全心全意投入到情境当中去，通过实实在在的努力来厘清问题。若有可能，就出现了对于"心智"或"意志"的训练。但是，在这个意义上，只有当儿童有选择的自由、表现自己的自由时，当下的真实生活才可能是变动的。当然，生活不会在二十分钟内就发生变化。为了让儿童真正产生兴趣，这么短的时间是不够的。① 如果学校生活是重复实际生活和让实际生活变得可能，那就必须改变在短课时中的这种专断和人为状况以及教师的过度指导。真正的思考和真正的行动，都要求更大的自由。在讨论蒙台梭利女士的课程之前，我们已经可以看到蒙台梭利学校以及更自由

---

① 作者注：这里对短周期的反对理由，当然是基于相对自由的制度设计。而如果任务像一般学校任务那样是被给定的，那么短周期也许在心理上反而是必要的。

的美国幼儿园，很好地超越了福禄贝尔幼儿园以及其它传统幼儿园。由于没有具体课程以及过多自上而下的指导，儿童真实的自我表达获得了更充分的机会。

讨论至此，我们为解答第二个问题做好了准备：如果允许自由选择，如何保障群体活动中的合作？我们现在想把问题变为：在儿童的自发冲动以外，如何保障合作？如果合作是从外部强加的，那在很大程度上我们不就是羞辱了儿童和提供了某种赝品吗？集体合作的需要是由联合活动的必要性引发的。我们这里实际上是在重复前面段落的讨论。因此，我们的希望是，把儿童放到这样一种社会化环境当中去：在其中，孩子们自发地结成大组或小组，来释放他们在儿童水平上的那种生命冲动。基于这些考虑，我们对蒙台梭利和福禄贝尔都提出了批评：一个没有为更充分的社会合作提供情境，另一个的合作主要基于外部建议以及成人的考虑。

如果说以上这些关于自由的讨论强调了自由选择的优点，那么上述四个问题中剩下的两个就暗示了应用此种自由的限度。人们知道，随心所欲并不一定会带来最多的知识和最佳的行动。事实上，正是这一强硬事实，导致父母和教师常常对儿童的自发性冲动设定了严格的限制。如果我们要讨论的是各个年龄段儿童的教育问题，那么我们的任务就可能会变得更加困难。不过，我们更关心的是幼儿园这个年龄阶段的儿童，问题可能就不会显得那么难以解决了。

在问如何确保儿童获得必备的知识与技能之前，我们要先问一问：在六岁之后，他应该掌握什么？这些要掌握的东西真的数量很多、难以掌握，以至于儿童只有通过接受外部强加的正式教学才能掌握吗？一般来说，儿童进入小学并不需要接受非常具体的入学准备。同样真实的是，这些儿童已经掌握了大量有组织的经验。笼统地说，他还对母语有了相当程度的应用。他知道与他相关的许多事物的名称和应用。他确信事物有一些共同的物理属性。在一些日常动手操作当中，他拥有了一定的技能，能使用剪刀、糨糊、铅笔、蜡笔以及颜料。如果他能够排队、齐步走、跳跃等，那就更好了。他会知道许多有趣的游戏和歌曲、一些适龄的流行故事。在诸如洗澡、穿衣等事情上，他还有待掌握，这也合情合理。我们也可以期待他掌握一些基本的行为举止方面的礼仪。

有人会否认，任何一个健康的儿童，都可以通过做游戏、在偶然行动当中获得这类知识和技巧吗？事实上，那么多父母都会对此感到满意，他们相信幼儿园课程是不必要的，仅仅是家庭生活就足够了。在这个立场之外，我们可以问一问，一组健康儿童在一个聪明的、富有同情心的年轻女士的关注下，自由自在玩一些善加选择的玩具，是否能够既获得所有这些知识和技能，又极大地愉悦他们自己呢？确实如此，提出这个问题本身就已经在回答问题了。在这个情况下，自由的学说实际上就等同于兴趣的学说。与高年级学生那里的兴趣问题的困难原因一样，幼儿园儿童出现兴趣问题也是由于人们缺乏去尝试的信心和运用的技巧。我们可以对儿童的这种自然兴趣的展开过程报以更大的期待。同时，让人好奇的是，尽管福禄贝尔信任儿童期，但是幼儿园教师往往成了真正反对自由的人。在这一点上，蒙台梭利女士得到了杜威教授的教益，这将对美国的教育实际产生影响。

还剩下第四个问题，即自由选择和正确行动之间的关系。那种认为要求遵照礼节就是在限制天赋自由的观念，需要加以质疑。真正的问题是：我们如何引导儿童，使他在成长过程中能够认识到自己的责任？尤其是，这种外加的管理与儿童的自发性之间是什么关系？此前的考虑，让我们对于一种针对儿童本性的相对自由的表达有所偏好。这里有什么不同吗？我们是否要像罗马的斯特拉提克主任那样反对蒙台梭利系统，**"因为它带来一个个小小的无政府主义者"**？或许民主的美国在蒙台梭利的历险之前，就已经对于儿童自由采取了一种更加被认可的立场了。

儿童的某些自发冲动，是其种族在不同生存条件下形成的。我们上来就可以承认，这些冲动目前可能无法正常表现出来，比如由于时间限制而必须被消除或者做出重大调整。当然，人们可能很少需要对另外一些冲动做出调整，还有一些冲动只要求给儿童一些表现机会就可以了。或许在压制或引导冲动这方面，一定量的积极的痛苦联结（"惩罚"）会被证明是必要的，尤其是在上幼儿园之前的这段时间。但是，整体来说管理那些桀骜不驯的冲动的最有效方式，是鼓励和支持儿童选择正确的方向。因此，我们再一次发现了对于积极的自我表现的支持。当说到"积极的纪律"

时，蒙台梭利女士实际上铭记着这一原理。我们的教父们用更有神学味道的方式表达了同样的观念。用华兹博士的话来说就是："撒旦为游手好闲之辈准备了恶作剧。"

还有另外一些或许更加重要的方面，使自由表现的原理可以导向适当的行为习惯。伦理以及更一般意义上的礼节，最好被理解为"与他人相处"的恰当方式，是调节自己以适应他人及社会的良好方式。若是如此，我们几乎可以直接说，只有在常态下与人融合在一起，人们才可以学会如何与人"相处"。毕竟，社会认同和社会不认同带来的刺激，是指导我们做出正确行为的最强大激励。儿童和成人类似，也需要同伴的认可。我们希望把幼儿园孩子放到这样的伙伴关系中去，这样他们就可以和自己的同伴一道逐渐学会生活的艺术了。为了达到这个目的，成年人的监护一定是必要的。正是在这一点上，幼儿园找到了自己存在的首要理由。教师需要偶尔加以干预，来进行区分以及指导社会认同的过程。但是，真正发挥作用的主体，是孩子们自己的伙伴。

这样就很难避免以下的结论，即无论从何种立场出发来看待我们所处的情境，儿童自发冲动的相对自由的表现都是恰当养育的保障。为了让儿童有足够热情进行实际的合作，为了让儿童获得适当的知识、习惯以及技能，这样的自由都是必要的。为了让儿童足够独立、足够自主又能够尊重他人的权利，同样的自由也是必要的。基于这些考虑，我们高度认同蒙台梭利女士对于自由学说的再次强调。在实际工作中，她为家庭、幼儿园和小学设立了一个典范：在儿童可以自己做的地方，成年人要做得少一些；时长短的活动要少一些，因为其中的那些受到强烈激发的兴趣很快就会消失；母亲和保育员、教师的指导时间要少一些。简而言之，要给儿童提供更多机会去过一种简单、健康、正常的生活。

四、自我表现的充分性

　　自由但缺乏自我表现，这是一种概念上的自相矛盾。因此，如果不考虑这个系统中自我表现的充分性，那么前面对于蒙台梭利女士自由学说的讨论就都是不完整的。教具是蒙台梭利学校活动的主要手段，但是品类极其有限。即使不讨论这种限制的基础，仅就其理论本身而言，我们也可以说教师使用这些教具开展的是有限、专门、具体的活动，显得过于正式、远离各种社会兴趣和联系。如此狭隘、范围有限的活动，不足以满足普通儿童的需要。当然，在成年人觉得过于正式甚至是苦差事的活动当中，儿童也可能会给自己找到乐子。一个孩子可以把顶上的盒子拿下来又放回去，这样一直重复 79 遍，这就是一个好例子。① 同样，我们也不要匆忙下结论说，没有孩子会

---

　　①　译者注：我不知道克伯屈这个例子的出处。不过，这类现象在蒙台梭利的书中多有记录。除了《蒙台梭利方法》外，在 1936 年出版的《童年的秘密》当中，蒙台梭利提到过一个大

享受这种相对正式的教具练习。对于儿童来说，机械操作有着强大的吸引力。但是，总的来说，使用蒙台梭利教具，只是那些活泼儿童的一道乏味的简餐。更进一步来说，尽管没有什么冲动比想象和做建构性游戏更强烈、更有效，但是在这些玩教具的学校当中，此类游戏仍然是被禁止的，并且学校也没有提供别的什么可玩的东西。事实上，蒙台梭利女士的这段广为征引的话说道："如果有人能说服我说儿童需要游戏，那么我会提供适当的教具；但是，我并没有被说服。"在美国当前最好的教育思想和实践当中，幼儿园允许

转上注①

约 3 岁的女孩子。这个孩子不停把一些圆柱体放进容器当中，然后再从容器中取出来。她做这样的练习，一直重复了 42 遍才停下来。（蒙台梭利：《童年的秘密》，马荣根译，124 页，北京，人民教育出版社，2005。）蒙台梭利称这种现象为"忘我的……重复练习"。蒙台梭利认为儿童心灵有一个内部协调的神秘过程。成年人对于儿童的过度干扰，会破坏这一过程。因此，蒙台梭利教育讲究让儿童自由选择、重复练习和保持肃静等等。总之，"对成人来讲，儿童热心于琐碎的或毫无用处的东西，完全是稀奇古怪的，甚至不可理解的"。而实际上，"对处于这个发展阶段的儿童来说，这是一种令人欣喜若狂的行动"。（同上，第 96 页）

进行社会化的、建构性的、模仿性的游戏，其基础和原理构成了幼儿园孩子的课程。但是，蒙台梭利女士拒绝了这一切。与游戏密切相关的是人们对于游戏的使用。人们会发现，蒙台梭利更关心的是这个方面，但是在罗马的蒙台梭利学校当中，这个方面逊色于美国的幼儿园。从蒙台梭利女士自己使用的"游戏"这个词来看，她对于什么是游戏以及游戏可以做什么，都只有最狭隘的概念。在一些更加高级的自我表现形式上，譬如在绘画和模型方面，意大利的整体状况要比美国差。雕塑是最明显的，素描和油画的应用偶尔会好一些，但是儿童往往什么也没有，只有教师提供的色彩或者老套的素描。蒙台梭利学校很少或者完全没有故事，这又是一个严重的疏忽。戏剧很少见。从整体来看，无论是在建构性游戏当中或者在更具艺术性的类型当中，蒙台梭利学校都很少用到想象力。关于此类严重的缺失，我们还有一份更长的清单。

但是，儿童可以从"实际生活"得到对这类缺失的部分补偿。这无疑提供了儿童本性的一面，他们太久没有得到满足了。做一些实际生活中的事情，而不仅仅是处在游戏的世界当中，对一个孩子来说往往会有莫大的乐趣。值得一提的是，这里发现的这些缺失并不属于蒙台梭利教育的那些好特征的一部分。也就是说，我们可以从这个系统借鉴好的地方，而又不必放弃我们已经发现的好东西。无疑，如果蒙台梭利女士能更多了解别处的教育实践，那么她就可能会接受这些我们认为不可或缺的一部分特征甚至是全部特征。

尽管已经说到过，但是从此前这些讨论可以看到，蒙台梭利课程对于儿童的大部分天性表现得非常不充分。这种表现机会方面的限制，在结果上一点也不会比压迫来得小，都是对于儿童幸福和精神成长的压制和破坏。此外，既然自我表现是掌握种族文化的手段，那么无论是从儿童的视角、儿童当前的幸福和成长的视角，还是从文化的视角、儿童准备参与文化的视角来看，自我表现的缺失都是严重的。从各个角度来看，蒙台梭利课程都是不完备的，设置了过多限制。

五、自我教育

在蒙台梭利女士看来，自我教育与自由的制度联系在一起。通过有指导的活动儿童也可以得到训练，但在蒙台梭利看来这种指导绝不能有违儿童的自由。蒙台梭利教育取消了教师，可儿童的自主又不充分，因此只能求助于教具。蒙台梭利女士说，"我们已用那种本身包含了对失误的控制又使每个儿童的自我教育成为可能的'教材'"（MM-C，p. 321；MM-E，p. 371）取代了旧时的教师。读者会问，这是怎么实现的？让圆柱体插盒来回答吧。在木质的板子上，每个孔洞的深度各不相同。每一个孔洞都有唯一的一个圆柱体恰好与其匹配。所有的圆柱体都先被拿出来了，接下来的任务是要把它们重新装回去。"如果他弄错了，用一根圆柱去插比它小的孔，他就会拿开这根圆柱，进行多次尝试，寻找合适的孔。如果他把一根圆柱错插到了稍大的孔中，然后把其余圆柱依次插进稍大一点的孔里，最后他会发现手里剩下一根最大的圆柱，而板上却空着一个最小的孔。这套教具能检查出每一个错误。孩子们能以各种方法自己改正错误。"
(MM-C, p. 171; MM-E, pp. 170-171)

这种自我教育在蒙台梭利女士看来是唯一真正的教育。"这种自我改正引导孩子把注意力集中在大小的区别和把不同圆柱加以比较。心理感觉练习也正是在于这种比较。"(MM-C, p. 172; MM-E, p. 171)"我们是让孩子自己工作，自动纠正错误，自我进行教育。"(MM-C, p. 172; MM-E, p. 172)

针对蒙台梭利女士对于自我教育这个观念的强调，我们当然不会表示不赞同。一个孩子越是能依靠自己的经验来学习，不需要教师告诉他怎么做，那么他的知识就越可能是他自己的。如果他能够自己发现问题，如果他能够自己设计出一套问题解决方案，并且最终他能够自己检验并确认这套方案是正确的，如果所有这些都能通过实施某种教育方案来实现，那么这种教育方案肯定是好的。

然而，当我们从一般观念转向蒙台梭利自我教育的具体操作时，我们就发现本应伴随自由而来的丰富多样的机会，事实上收缩为对那些非常形式化的教具的机械摆弄了。在设计意图方面，这些教具要求每一个零件都只有唯一一种适当的操作。因此，在任何一个有创造力的儿童看来，玩上述圆柱体插盒不过是要把圆柱体拿出来，然后再装回去。(任何别的建议都是被禁止的，譬如去改造为一辆小车。)此外，这种插盒还故意设计成只允许用一种顺序才可以把圆柱体装回去。在这个例子当中，"*这套教具*"至少"*能检查出每一个错误*"。(MM-C，p. 171；MM-E，p. 171)蒙台梭利女士是用这种限制性的方式来提供自我教育的。正是在这样的条件下，女指导员可以退居幕后，靠着圆柱体插盒来提出问题和检验解决方案。这种对于训练的巨大转换当然过于天真，是试图在一种形式化的、限制性的自我教育中发现可观之处。针对蒙台梭利女士应用的这种自我教育，我们必须要说，它更多是一种希望而不是事实。在她的体系当中，自我教育与对教具的操作被过于密切地绑缚在一起，结果儿童再也不能接受来自外界的那些对于明智程序的有效暗示了。

另外，如果换一种方式来考虑生活本身以及其中的各种情境，我们就可以找到大量明显是自我教育的证据了。一个想要敲钉子的男孩儿很快就知道自己是不是敲对了地方，一双轮滑鞋本身就能显示出问题在哪儿、不需要什么额外的说明。同时，钉子和轮滑鞋本身也可以很好地检验解决方案。看到可能的玩伴，孩子们就提出了一种社会活动。同样一批孩子会判断新人的能力，让他成功参与进来。我们可以概括地说，自我教育是伴随某种目标而来的：不论一个人能不能看到努力和成功之间的联系，他都走在完善自身行动的道路上。因此，我们实际上再次回到了此前已经提到过的结论：学校生活越是接近日常生活条件，真实问题的呈现就会越自然（不是"老师说的"那种刻意的方式）。同时，提出问题的实际情境也可以检验儿童提出的问题解决方案。这是生活中的自我教育，也是一种好的教育方式。如果蒙台梭利的术语和一般讨论可以帮助我们实现这些在理论上早已经被认可的东西，那么她将在目前正在进行的幼儿园和早期初等教育的改造工作中获得崇高的地位。但是，基于教具的形式化自我教育，现在看来危险大于收益。

六、实际生活的练习

最初，蒙台梭利学校以一种超凡的智慧，来改善罗马的一些贫民区。这些家庭生活穷苦，白天尽可能由学校来照管孩子，对这些家庭来说是一种帮助。基于此，蒙台梭利女士支持把学校日长度延长至八到十小时，只是因为季节不同而略有变化。这样的学校多关注权威和责任是一种幸事，因为许多家长的生活标准很低。以这样的方式，"儿童之家"高度关注孩子们本人和衣着方面的清洁。儿童被教会怎么洗手、梳头、刷牙、漱口以及其它一些照料身体和满足个人需求的内容。教室在很大程度上靠着孩子们自己来保持秩序。因为学校是全日制的，所以还需要有校内午餐，准备午餐同样主要是孩子们自己的工作。

在蒙台梭利学校，再没有哪一点比孩子们能够熟练地为自己准备午餐受到更多评论了。每一个曾经到过午餐现场的人，都会满怀愉悦地回忆起孩子们表现出来的那种热情、严肃的兴趣。这些小豆包们能够胜任的事，我们过去往往觉得只能交给更大的孩子们来办。对笔者而言，这似乎又是一个例子，可以把学校里的练习和儿童的日常生活联系起来。不少保育员甚至大多数保育员都可以借助自己的经验，了解孩子们可以通过做这样真实的生活事务获得多么大的乐趣。我们有权利去期待这样的乐趣。但是，那些技能是怎么实现的呢？人们说，"这当中没有差错出现，没有打破杯子，没有泼出汤。"（MM-C，p. 305；MM-E，p. 349）蒙台梭利教育系统的许多朋友们断言，这种成功是在使用教具的过程中获得的肌肉控制的结果。对于这样的断言，我们可以做两点评论：第一，尽管孩子们做得相当好，但他们还是会犯错。我看到过有孩子把汤洒出来了，在分配午餐篮的时候也出了一些差错。我的朋友看到杯子和盘子被打破了。第二，没有什么别的证据，比学校对于这种具体练习的高度关注，更能说明学生们为什么具有这种强大的技巧和能力了。和别处一样，这其中的道理也是"越做越好"。

然而，吸引我们的毋宁说是此类"实际生活"活动对于美国学校的价值。更长的学校时间是可以考虑的。如果母亲被屋里屋外的工作牵绊着，儿童就往往得不到适当的关注，因此幼儿园对年幼儿童进行全日制的看护将是很有价值的。而且，在那些大城市当中，孩子们很少有露天玩耍的机会，同时也很难管理，因此全体儿童都可能从一种管理有序的操场活动中获益。因此，那些为非常穷苦的人们准备的幼儿园，以及大城市里的那些服务于多个阶层的幼儿园可以设置全日班，并且让孩子们花大量时间待在户外。这样做可能是很有好处的。伴随幼儿园功能增加而出现的管理难题尽管巨大，但是并非无法克服，关键是这样的改变是不是人们所认可的。

一所特定幼儿园当中应该包括什么"实际生活"活动，当然会根据社区条件来确定。如果孩子们的母亲太忙碌或者太过疏忽，结果孩子们早晨来的时候不干净，那么这所幼儿园的责任很明显就会有别于另外一个阶层的幼儿园。这只不过是说，任何学校课程都需要反映本地需求，这条原理在当前的学校理论中已经得到了广泛认可。

在这个联系方面，我们强烈支持蒙台梭利的这一实践，她让儿童尽可能为自己服务。因为条件所限，贫苦人家的孩子不得不学会自己照顾自己。在一定范围内，没有什么能比这样的训练更好的了。在更富有的家庭中，过于热心的保姆或者娇惯孩子的母亲，往往会努力预知孩子的每一项需求和努力。结果孩子对于自己的服务，没有哪一项是不被搞坏的。正如已经讨论过的那样，道德和理智上的诉求同样要求个人处于受挫折的实际情境中。个人借助自己的努力和谋划，以满足此类实际情境中的要求，这是最健全的方式。这既可以发展明智的自信，也可以获得别种情境需要的经验。同样，我们希望蒙台梭利能够证明一个广为传播但是往往被人们忽略的学说。

在学校练习当中加入那些有直接用途的劳作，这个观念已经被证明为是有吸引力的了。例如，被妥善重组而成为一门学校科目的烹饪，并没有像在家庭当中那样引起学生们的真正兴趣。但是，当女孩子们承担此类工作来满足家庭的日常所需时，她们就可以产生一种严肃认真的兴趣。正如此前所说，在教室的人为情境当中，学生是缺乏动机的。现在，如果学校能够把自己提供的服务，与那些和实际的、直接的社会需求有关的吸引兴趣的东西联系起来，那么我们也许就找到了真正值得努力的方向了。不过，必须承认这并不适用于所有的"实际生活"活动，因为有些最常见的活动从来不会在小孩子身上引起内部动机。就算在状况最好的家庭当中，情况也是如此，譬如洗脸和洗手。在这种情况下，学校内的那种社会认同或者指责，对于巩固某种习惯来说就显得特别有帮助。要知道，在那些恶劣的家庭环境当中，孩子们从来也养不成这些习惯。

尽管没人假设为罗马的某间教室设计的课程会原封不动地照搬到美国，但我们还是可以毫不犹豫地得出以下结论，我们可以从下列几个方面得到启发：更长的学校日、因应社区需求改造学校练习，以及引进有直接和实际需求的活动来激发动机。学校应该作为一种社会机构来更加明确地发挥作用，学校应该根据周边环境调适自身，学校应该应用更加真实的生活场景，这些是全世界范围的共同诉求。

七、基于教具的感官训练

在蒙台梭利及其追随者们看来，蒙台梭利方法当中没有什么是比感官训练更为根本的了。感官训练是蒙台梭利女士最初研究教育的方法，并且自始至终都决定着她的基本观点。她在阐述自己的系统时，会用四分之一的篇幅来论述这个话题。在一般人看来，这些教具是蒙台梭利系统最突出的特点，而教具本就是设计出来对感官进行适当训练的。对于任何试图亲自鉴定蒙台梭利方法的人来说，对蒙台梭利系统的这个最根本的部分进行细致考察都是必要的。

尽管在讨论感官训练时人们并不甄别若干不同的理论，但是我们还是很容易在这个领域识别出三种不同的思想。第一，感觉器官本身是可以改善的。例如，我们通过力所能及的系统训练，让作为一种视觉工具的眼睛能够看得更多、看得更好。人们因此可以把受过训练的眼睛视为改进过的望远镜。针对这个观念，剩下的另外两组理论家们都提出了抗议。他们认为感觉器官本身并未发生改变，只是新的脑联结被建立了起来，别无其它。一种特殊的颜色表明这个桃子可以吃了。孩子们因此会寻找这个颜色，并且在这个颜色出现的时候能够注意到它。已经出现过但是并未注意过的颜色，和吃桃子的愉悦预期之间建立了一种全新的联系。这个孩子注意到了更多，在这个意义上，也可以说这个孩子看到了更多。然而，区别不在于视觉图像改变了，而只是图像的特定部分与儿童的意识世界发生了不同的联系。

哪个理论正确？我们可以设想一个典型案例，对一位菲尼摩尔·库伯的印第安人和一位语言学者进行比较。我们可以设想有人在提问说，印第安人有一双锐利的眼睛，他们可以看得更多、看得更加分明，这么说有问题吗？如果考察的是林间生存能力，那么印第安人当然更强大，而学者会是绝对的弱者。但是，如果把印第安人带到图书馆来，给他一页拉丁文、一页法文，那么这两者对他来说可能别无二致，都只是一堆厘不清的印记而已。然而，只要看上一眼，学者就能了解其中一页是拉丁文，另一页是法文。那么，究竟哪双眼睛看得更好呢？每一双眼睛都是在根据已有的经验来看，根据已经建立起来的联结来看。这一点不是很清楚吗？我们可以放心接受关于儿童感觉器官的这个权威判断，即 2—3 岁以后的训练不会对感官本身造成什么改变。

现在我们来区分一下第二种和第三种理论。它们的共同点在于同意感官训练与脑联结有关，它们的不同点在于此类训练的效果是不是专门化的。在这三种理论当中的第二种理论认为，如果儿童学会了区分某种特定的视觉形式，他就训练了自己的视觉区分能力，今后能够更好地区分任何别的视觉对象。第三种理论认为，没有什么一般的区分能力或者官能，当某个方面的训练被应用到另一个方面时，可应用的程度仅限于两类活动的共同元素。关于这方面的讨论太过冗长，不能尽言于此。① 我们只要说明以下这一点就

① 译者注：依照冯特（Wilhelm Wundt）的说法，官能心理学（faculty psychology）由沃尔夫（Christian Wolff）创立。（冯特：《人类与动物心理学论稿》，李维、沈烈敏译，4 页，浙江，浙江教育出版社，1997.）同时，也有人把官能心理学的创立者上溯到亚里士多德。官能心理学相信，人的心灵包含一些可以彼此区分的官能，譬如注意力、记忆力、推理能力等；进而，该理论认为官能有如肌肉一样，可以通过专门训练得到增

足够了，即基于大量研究人们已经对上述第三种理论形成了实质性的认同。尽管对于什么是共同元素人们还有不同看法，但是古老的关于心智中存在官能以及相应的一般训练的学说，现在已经被优秀的心理学家

转上注①

强。在教育学当中，人们把这种针对一般官能的专门训练叫作形式教育。[参考：瞿葆奎、施良方：《"形式教育"与"实质教育"》，载《华东师范大学学报（教育科学版）》，1988(1-2)。]就近代而言，教育界耳熟能详的洛克（John Locke）是支持官能心理学的，而科学心理学的创始人冯特则反对官能心理学，认为该理论只描述而非解释人类心灵。此后，桑代克（Edward Lee Thorndike）利用实验方法，对官能心理学的迁移学说给予了致命的打击。他发现针对某种心理功能的练习，能否改进别种心理活动，需要看两者之间是否有共同元素。他们的实验结论是，新旧情境之间的共同元素越多，学习迁移的可能性就越大。换言之，不存在一种可迁移的一般学习能力。尽管官能心理学已然古旧，但在民间教育讨论当中，这个学说一直流行。比如，民间人士普遍相信可以通过一些专门训练，来发展人的一般思维能力。这种一般化的思维能力进而可以迁移到具体领域的学习上去。简言之，就是相信借助专门训练，可以让人变得更"聪明"。一种古旧的、被遗弃的理论之所以仍然能够在民间流行，可能是由于人们有某种对学习的迫切渴望，对"教育魔法"不死心。

们完全抛弃了。我们不再把判断作为一项可以加以训练的一般能力，也不再把区分或者观察作为这样的能力。

人们秉持何种观念，在实际中会产生什么不同呢？这几种理论在教育上的应用相当不同。如果一个人相信第一种或第二种理论，他会认为进行某些体操式的训练是迫切需要的。他会说，这样能改善视觉感官，或者训练一般的视觉区分能力。一般来说，无论你在从事何种具体活动，都会有训练的效果。你碰巧发现的对象的感官特点，相对来说并不重要。对于感官本身的改善，才是我们要追求的。第三种理论认为，情况正好相反，正是你认识到的内容才是重要的。如果进行感官训练的话，那么学会区分颜色、形式或者别的感官特点，将会在你今后的生活中发挥作用。

那么，蒙台梭利女士支持哪一方呢？一般来说，她高度强调"感觉训练"。通过这段话，我们可以说她既接受第一种理论，也接受第二种理论："我们一定不能把感觉训练与通过感觉从周围环境可能获取的具体概念相混淆。"（MM-C，p. 174；MM-E，p. 175）类似地，蒙台梭利说要蒙住孩子的眼睛，来进行"对一般感觉训练，如触觉、温觉、压觉和立体感觉的训练"（MM-C，p. 177；MM-E，p. 179）。据此，儿童在这样的阶段进行"立体感觉的训练""色觉训练"，充分展示了蒙台梭利在思考方面的粗心大意或者理论上的错误。类似的陈述有："感觉训练是把人培养成为一个观察者"（MM-C，p. 209；MM-E，p. 218），"他必须具有对不同感觉刺激的分辨能力，才可能成为医生"（MM-C，p. 210；MM-E，p. 219）。看起来，这些表达当然暗示了这样的信念，即相信训练的一般迁移效力；一个人越是研读蒙台梭利的作品，就越会确信她的确采取了这样的观点。她明显是在第一种理论和第二种理论之间摇摆。或许她最没有错误的一项断言是："在感觉训练中进行重复练习正是这样，其目的不在于要知道颜色、形状以及物体的性质，而在于通过注意力、比较能力和判断力的练习提高感觉灵敏性。这些练习是真正的智力体操。这种体操在各种教具的正确诱导下促进智力的发展，如同体育锻炼能增进身体健康……为了开展肌肉的锻炼活动一样。"（MM-C，p. 314；MM-E，p. 360）

在这里，我们得到了有关一般训练的古旧理论的主要特征："不在于要知道颜色、形状……而在于……提高感觉灵敏性""智力体操"（MM-C, p. 314；MM-E, p. 360），以及同样古老的头脑和身体的类比。如果可能的话，笔者在研读完蒙台梭利的作品、研究过她的教具以后，便想要直接了解蒙台梭利关于精神训练一般迁移的观念。对蒙台梭利的这段访问很困难，因为我们的翻译并不熟悉心理学。① 但是，笔者以别的方式确认，蒙台梭利女士至今并不了解有关一般迁移的争议。她还是秉承形式训练的学说，尽管在德国和美国这种学说早就被人们抛弃了。

蒙台梭利女士注意发明教具，但是同样重要甚至更加重要的是问一问儿童在使用这些教具的时候到底发生了什么。如果我们不把使用各种钉纽扣、系绳子的教具作为"实际生活"活动的一部分或者至少是间接与其相关的一部分，那么包括使用将要讨论到的与写字有关的教具在内，就只剩下某种形式的感官区别练

---

① 译者注：这是指克伯屈于 1912 年 6 月 4 日在罗马对蒙台梭利的访问。

习了。这种教具是用来进行各种区分的，既包含对比强烈的差别，譬如一个边长 10 厘米的立方体和一个边长 1 厘米的立方体；也包含细微的差别，譬如一个边长 9 厘米的立方体和一个边长 8 厘米的立方体。在常识和科学知识的问题上，通过一系列渐进刺激的练习，儿童可以更好地进行区分，比一开始完成得更加迅速。在可能性的意义上，在任何使用蒙台梭利教具的正常儿童身上，这都可能是真的。例如，他将学会正确区分甚至立刻就能区分出几种不同质量的木块。如果有人想要命名的话，那么可以说他正在训练他的"压觉"。但是，这是不是意味着他也可以区分日常生活中的各种质量了呢？绝非如此。更可能出现的情况是，他永远也不会用到这种特殊技能。除非有机会要求他区分很小的质量，并且是在条件类似于获取这一技能的那种场合，否则他肯定不会直接用到这项技能。譬如，这种技能不足以告诉他，某个字母的质量是不是等于两美分的质量。用不同质量的木块进行的形式训练，不能替代用不同质量的字母做的练习。那么，是不是任何持久效果也没有得到呢？关于他获得的收益，目前仍有争议。他对质量概念的了解，肯定是加深了。

但是，这种增值是相对的，取决于他已经掌握了什么，以及不经形式训练、纯靠偶然经历可以掌握什么，并且还要看当下对于这个概念的需求。一般来说，儿童真正需要的一些概念，譬如硬度、热、质量等，都来自于丰富的日常生活经验。反过来，不经这一途径获得的那些概念，往往不是必需的。

类似地，通过各类教具进行的训练是切实发生的，但是采用了一种高度专门化的方式。这是一种远离日常生活条件的方式，结果它作为技能来发挥作用的可能性就微乎其微了。这种可能性太小了。可能除了区分颜色以外，我们根本就不想要别的特殊技能了。对于儿童来说，能够看得出某一个圆柱体，匹配圆柱体插盒上的第二个孔洞，这有什么好处呢？如果有人回答说，好处就在于让儿童能够做出区分，那么问题又重新回到了此前的讨论，涉及形式训练的一般迁移问题。使用此类教具的具体结果当然是在训练特定的区分能力，而不是训练某种一般能力。

任何有关颜色、形状和质量的经验，都有助于一个人形成关于事物的概念。并且，这方面的任何愉悦经验，都可以促使儿童进一步寻找类似的经验。对于此类经验的组织，可以促进儿童成长，这同样真实可信。这正是我们需要的训练。以此种方式来应用教具才是有用的，事实上也将会是有用的。因为，人们会有机会有意识地考察此类经验。但是，此类训练的形式的、机械的方面没有什么实际价值。例如，人们进行任何涉及大小经验的游戏，都会像使用宽阶梯教具一样做得好。所有人都会赞同蒙台梭利女士的观点，因为她希望提供更加丰富的感官经验。大多数儿童都需要更多的这一类活动。年幼儿童对于操作的天然爱好以及诸如此类的表现，是这项事实的充分证据。同样值得关注的是，提供的机会要有充分变化并且经过妥当安排，我们以此来获得想要的那种丰富的经验。尽管丰富的经验很重要，但是我们并不支持一般迁移学说，也不支持我们正在讨论的蒙台梭利系统中的那种如此形式化、机械化的教具。

因此，关于感官训练的实质，我们必须采取与蒙台梭利女士完全相反的观点。她说："*其目的不在于要知道颜色、形状以及物体的性质……*"（MM-C，p. 314；MM-E，p. 360）我们说，目的恰恰是儿童可以知道这些东西，我们不关心在此之外获得的任何感官训练。据此，我们的结论是，蒙台梭利女士的感官训练学说是基于一种过时的、废弃的心理学理论。根据这些理论设计的教具的效果是没有价值的。教具能带来的那点微末的价值，完全可以借助那些善加引导的游戏来更好地获得。这类游戏当中有一些经过明智选择的、更便宜、也更适合儿童的玩具，儿童借助偶然获得的感官经验来学习。

八、学校技艺：读、写、算

有报告称，蒙台梭利学校的儿童能够轻轻松松学会阅读和书写，对此人们报以巨大的热情。在一般人看来，借助教具的感官训练对于个人发展的促进，几乎是以一种神秘的方式来实现的。以如此触手可及的教具，来获得如此切实的结果，这样的教育系统一定会吸引人们的目光。而且，报告还说在这些了不起的学校当中，孩子们享有完完全全的自由，他们似乎是玩着玩着就学会了。教育的最高成就似乎已经唾手可得了。

然而，一个熟悉教育史的人，对于伴随某种新教育方案的热情以及所谓超凡的成功，早就有所耳闻了。裴斯泰洛齐的参观者们，对于他的那些成就的描述，在今天看来仍是吸引人的。导生制学校也被认为体现了轻松、高效的学习。① 贝斯托的女儿艾米莉显

① 译者注："导生制"产生于18世纪末19世纪初，创始人是贝尔（Andrew Bell）和兰卡斯特（Joseph Lancaster），他们分别在印度和伦敦进行了自己的实验。其中，贝尔曾在印度担

然在学习各种语言方面超过了很多人。在她三岁半的时候，教师用 10 周时间教会她法语；下一年，教师

转上注①

任孤儿院监督，因为看到儿童有在沙地上写字并且相互教对方的情况，就在当时实行"相互教学法"。兰卡斯特曾于伦敦主持一家新式学校，专门招收贫寒子弟。由于学生人数增多，兰卡斯特一个人教不完那么多学生，又无钱聘请更多教员，于是他让年长而且成绩优秀的学生协助教学。概括来说，兰卡斯特先教会导生，再由导生教其他学生。贝尔和兰卡斯特的专著分别于 1791 年和 1803 年出版，这两本书介绍了他们各自的工作。[邓蔼箴：《导生制之起源及其演变》，载《教育学报》，177-188页，1941(6)。]导生制后来在欧洲诸国以及美国推广开来，成为普及教育的一种手段。近代中国曾于 1933 年由中华平民教育促进会主持在定县实验区的民众学校试行过导生制。陶行知的小先生制也与此类似。

通过了解导生制的大概情况，一线教师就可以想象这个制度的适用范围和局限性了：它的优势是节约师资，缺陷是难以谈及教学质量。克伯屈在这里提及导生制，因为这个方法也曾经被人们热烈追捧过，而后又被人们发现最初宣传的那些让人瞠目结舌的教育成效实在是言过其实了。克伯屈的意思是，蒙台梭利方法也是一套类似的东西。我赞同克伯屈对于此类万应灵丹式的教育魔法的警惕态度。可惜的是，这一类教育魔法在实际中总是不断改头换面，而且总是不乏热情追捧的受众。

用同样长的时间教她读、说拉丁语。特殊的案例总能吸引人们的目光。但是，要是有什么东西能算作永恒的贡献，那么必定得是人们能够理喻的。只要借助适当的审查，我们就应该能发现它。

蒙台梭利女士同时教初级的阅读和书写。为了方便考察，我们将分别谈论这两项工作。在考察蒙台梭利学校的阅读教学时，我们发现了一种对于意大利语表音字母的聪明应用。在意大利语当中，一个符号一般只表示一种声音，反之一种声音一般也由一个符号来表示。这样，教学的方法就是从元音开始，把若干个字母的声音(而不是这些字母的名称)与它们的形状联系起来。在早期阶段，字母名称还没有用到。利用这种声音与符号的一一对应，整个字母表就可以教出来了。学生很容易用字母组成任何单词，或者反过来通过回想各个字母的声音来念出某个单词。然而，如果有人要在美国应用这个方法，那么英语作为非表音字母的特点就会带来巨大困难。任何想要挑战这一困难的人，最终都会使用美国教师已经非常熟悉的准语音方法(quasi-phonetics method)。结果表明，蒙台梭利方法中的阅读教学方法，对于美国人来说完全没有什么新鲜之处。她能教给我们的东西，我们很多年以前就已经知晓了，这些东西在十多年前就已经流行过了。

当我们谈论书写问题时，情况相当不同。在这个方面，蒙台梭利发展出了一种专门技术。通过对教有缺陷孩子缝纫的间接教学方法的观察，蒙台梭利女士"*看到，没有让儿童缝纫就为缝纫所需的手的运动作好了准备*"(MM-C，p.240；MM-E，p.261)。基于此，她得出结论，在和任何复杂活动的联系上，"*我们的确应该在让孩子完成一个任务之前，真正找到如何教他去完成这个任务的方法*"(MM-C，p.240；MM-E，p.261)。"*准备性的动作可以学会并变成一种机制，不需通过完成任务本身，而是通过为它做准备的练习反复练习。然后学生就能进入实际工作，他能够完成他以前没有直接着手进行过的工作。*"(MM-C，p.240；MM-E，p.261)

基于这个想法，书写被分解为两个元素："*掌握和运用书写工具的肌肉运动机制*"(MM-C，p.248；MM-E，p.271)以及"*字母符号的视觉—肌肉感觉印象*"(MM-C，p.251；MM-E，p.275)。一些专门的训练被设计出来，人们对儿童的这两个方面同时进行训练。前一个元素的教具包括金属的几何形状以及彩色铅笔。例如，某个孩子拿起一个金属三角形，画一画这个三角形，然后用蜡笔来涂满画出来的这个三角形。基于这样的练习，这个孩子获得了控制铅笔的能力。针对第二个元素的教具包括安装在硬卡纸上的砂纸质地的字母①，以及一盒子从纸上剪下来的字母。这两类字母的书写都很清楚。正是结合了第二个元素，人们实现了对阅读的教学。在教声音和外形之间的联系时，人们使用的就是砂纸质地的纸质字母。根据要求，儿童要用食指描一描每个字母，好像在书写这些字母一样。他们被鼓励去反复这样做，甚至是闭着眼睛去做。因此，儿童同时获得了关于字母的视觉印象和肌肉印象，这两方面彼此联系起来，进而与声音也建立了联系。孩子们学会一些元音和辅音以后，就可以开始使用字母盒了。女指导员会选择一个简单

———————————

① 译者注：在砂纸质地的字母教具当中，字母是用沙子铺就的。凭借沙和纸的不同质感，孩子们就可以用手摸到字母，在摸字母的过程中得到训练。

的单词，极其清楚地念出来，让人能够把它分解为一个个发音，然后要求孩子们找到相应的字母。另一个练习是要求孩子们念出摆在他们面前的单词。孩子们通过逐一念出对应于每个字母的声音，来完成这项练习。显而易见，表音字母对于这项计划的成功至关重要。

同时对书写的两个元素进行巩固练习，儿童的书写就变得很容易了。事实上，有报告声称，孩子们突然就学会书写了，简直可以说是"书写爆发"。这很容易取信于人，因为对于铅笔的掌握、对于单词的肌肉印象、对于字母的价值的认识，都已经准备好了。第二点和第三点已经联系了起来，剩下的不过是要把第一点和这两点再结合起来。这也很容易实现，因为第一点和第二点在逐渐完善的过程中虽然是分开进行的，但是也拉近了彼此之间的距离。最终的成果就是书写。最后，我们还要补充的是，这种书写虽然非常缓慢，但是儿童写得非常好。书写之美观，与报告声称的轻易获得此种书写能力一样，为蒙台梭利系统进行了有力的宣传。

要评价蒙台梭利女士对于书写的贡献是很困难

的。整体来看，她似乎是做了贡献的。但是，她的贡献对于英语使用者来说到底有多大价值，这就不好确定了。或许只有通过实验，我们才能回答这个问题。看起来，对于蒙台梭利高度依赖单个字母来学习阅读的方法，许多人甚至连试都不愿意试一下，他们认为此前的相关实验已经可以定性了。然而，即使不严格遵循蒙台梭利的方式，对这个过程进行分析也还是有价值的。对这方面的进一步讨论和实验，我们要继续保持兴趣。

关于算术没有什么可说的，唯一比较新颖的地方是所谓"长阶梯"。"长阶梯"包含十个木块，长度分别为 1 到 10 厘米，其它方面全部一样。这些木块以厘米为单位被分成不同的部分，然后间隔着涂上一样的颜色。这些木块被用来教总和为 10 的各种加法。从总体上来说，蒙台梭利在算术方面的成就是不错的，但也不是特别突出。这种成就还不能与美国已经取得的更好成就相提并论。尤其是，在这种工作中，蒙台梭利很少把算术和儿童的直接生活联系起来。在算术教学上，蒙台梭利当然也就没有给我们提供什么足以动摇根本的建议了。

幼儿园阶段进行"3R"①教学，这种做法本身需要专门考量，这与"3R"教学本身的难度也有关。美国人普遍认为，这些学科最好不要在 6 岁以前教。这被当成了一条不成文的规矩。然而，这个判断本身并没有什么实验证据。根据这一点，也可以说这个问题本身仍然是开放性的。然而，教育不仅仅是从书本上获取知识。我们有理由担心，提供书本会让教育的其它部分变得更加困难。如果在这一点上有任何真理的话，那就是要保持早期教育的特殊性。据此来看，有人可能会认为，阅读和书写最好延迟到较后的阶段再开始，而不要放到更早的阶段。这并不是说学习阅读和书写对于 6 岁孩子来说十分困难。事实恰恰相反，孩子们往往很容易学会阅读和书写。但是，"3R"学习转移了父母、教师和儿童的注意力，让他们忽略了可能是教育上更有价值的部分。教育即生活，这意味着儿

① 译者注："3R"指的是学校教的三项基本技能，分别是读、写、算。英语中的"Reading""Writing""Arithmetic"都包含"R"这个发音。同时，也有人把读、写、算对应的英文分别写作"Reading""Riting""Rithmetic"。

童要与真实情境进行第一手接触。儿童早期使用书本有风险，这样做很容易导致儿童本性被不相符的任务垄断，并且几乎难以避免地让人为情境替代了真正重要的接触。不加思考的公众会把符号误以为是事实，于是在应该需要经验的地方却需要公式，在需要生活的地方却需要书本。因此，笔者同意在幼儿园阶段，教师仍然要避免教此类学校技艺。对笔者来说，一所没有书本的幼儿学校正是福禄贝尔最重要的成就。

九、结　论

我们已经回顾了蒙台梭利理论与实践的一些基本特征。无论是那些好的方面，还是那些不好的方面，都显现出来了。在概括上述几项评估意见之前，我们有必要问一问：这个理论在各个教育理论体系当中处在什么位置？蒙台梭利女士的理论与世界上其他教育思想家的理论之间是什么关系？

第一部分提出的猜想认为，裴斯泰洛齐的理论构成了蒙台梭利教育哲学的基础。或者更恰当的说法是，卢梭、裴斯泰洛齐以及福禄贝尔的理论，共同构成了蒙台梭利的哲学基础。尽管在蒙台梭利的体系当中，裴斯泰洛齐主义的特点要更加突出一些，人们在蒙台梭利的理论当中也可以找到这些教育思想家的理论特点。蒙台梭利的这种革命性态度，让人觉得她是在突破常轨。这种态度在改革者身上，或多或少都可以找得到，无须赘言：第一，儿童本性纯良；第二，教育过程基本上就是与生俱来的天赋的展开；第三，相应地，相信自由是发展的必要条件；第四，把感官经验作为实现发展的手段；第五，倾向于接受官能心理学；第六，强调感官训练的纪律训练这个层面；第七，在感官经验问题上强调命名法。尽管在这些教育思想家的作品当中，这些思想并不总是那么显著，但是这些思想要么曾经被直接提到过，要么曾经被其继任者推导出来过。这些思想在蒙台梭利的理论当中也会出现。我们在思考这些独特的理论学说时，一方面认为它们或多或少都包含了一定的真理，另一方面也认为它们仍然需要接受严格的修订，以便与当前的概念保持一致。我们在考察蒙台梭利女士关于此类学说的概念时发现，她的概念也需要接受同样的修订。进而，我们注意到蒙台梭利女士承认受到塞贡的影响最为重大，而塞贡的作品首次出版于 1846 年。尤其是，蒙台梭利女士对于已经被抛弃的形式训练或者一般训练学说仍然抱有信心。所有这些都促使我们认为，蒙台梭利的学说在本质上还是 19 世纪中叶的，比当前教育理论的发展落后了五十年。

如果把蒙台梭利女士的作品和杜威教授的作品做个比较，我们就可以从另外的角度来对她做价值评估了。这两个人之间有许多共性。他们都组建了自己的实验学校，他们都强调自由、自主活动以及儿童的自我教育，他们都大量应用"日常生活"活动。一言以蔽之，这两个人在反对顽固的传统主义上有一致的倾向。然而，这两人之间也有巨大的分歧。蒙台梭利女士提供了一系列简单的机械装置。并且，在很大程度上，她正是靠着这些教具来完成教学的。对于公众来说，一个配备了确定的、触手可及的教具的简单程序是极有吸引力的。杜威教授就不会用如此简单的方式来确保他所追求的教育得以实现。蒙台梭利女士之所以能够这么做，只不过是因为她所秉持的教育概念要狭隘得多，因为她对于形式的、系统的感官训练的价值还秉持着一种站不住脚的理论。蒙台梭利女士的许多努力，都是为了设计出更令人满意的读写教学方法，儿童使用这些方法来掌握意大利语当中的注音字母。尽管也意识到学校有教这些内容的必要，但是杜威教授认为早期教育者要关注的应该是对儿童生活来说更加重要的活动，进而引导儿童去适应更加复杂的社会环境。蒙台梭利女士继续沿用裴斯泰洛齐方法的思路，把逻辑上的简单单元假设为心理经验的单元。譬如，在读写方面，她关注的是字母和单个的发音，而不是单词或者思想上的联系。人们是以一种隔离的方式来教儿童获得感觉能力的，与实际生活场景不相干。蒙台梭利女士也说要引导儿童"*从感觉走向概念……到概念之间的联系*"（MM-C，p. 214；MM-E，p. 224）。杜威教授则坚信经验才是单元，逻辑上的最小单元是通过区分经验而出现在人们意识当中的。作为一项教学法则，在事物构成经验的一个重要部分时，人们应当把这些事物与儿童的真实经验联系起来教学。因为，学习本身必定就是对于各种意义的区分和组织。当然，我们也要时刻牢记，儿童与成人的经验有很大不同。儿童眼中的完满经验对于成年人来说就可能是碎片化的、彼此没有联系的经验。

蒙台梭利和杜威之间还有更加深刻的差别。虽然蒙台梭利女士想要重塑教学法，但是她的教学法概念比杜威教授的教育概念要狭隘得多。杜威教授有关思维过程本质的概念，他的兴趣学说、教育即生活的学说（教育不仅仅是为生活做准备）以及同样在蒙台梭利女士的学说当中起作用的有关自由和感官训练的学说，能够成为在修正蒙台梭利的错误时参照的标准，杜威教授在教育方法的建构上也能够走得更远。此外，杜威教授还批评了同样根本的关于课程本质的问题，他将课程理解为人类成就的完美重建，并且在课程方法上取得了实质性的进展。可以说，蒙台梭利女士迄今为止，还未曾意识到课程的这一根本问题。尽管这不是对杜威教授贡献的充分概括，但是此前已经介绍过的内容就足以表明，把蒙台梭利归入最有卓越贡献的教育理论家之列是不妥当的。她可以给人们鼓舞，但是在理论上很少有什么贡献，如果说不是完全没有什么贡献的话。

那么，这是不是对于蒙台梭利女士贡献的最终判断呢？有关有无贡献的问题，取决于有没有提出原创的观点来指导有效的教育过程。在蒙台梭利系统当中，我们发现了哪些新的、富有原创性而又经得起批判性考察的观点呢？科学的教育概念当然是有效的。蒙台梭利女士可能以某种方式，独自提出了这个概念。但是，没人能说在她之前没有出现过更加完备的科学的教育概念。在这一点上，我们至多可以说，蒙台梭利的倡导和榜样的确有激励作用。蒙台梭利有关教育即展开的学说既不新颖、也不正确。在自由的学说方面，她也没有做出什么理论上的贡献。蒙台梭利在儿童自由方面的实务探索是相当有价值的，我们的幼儿园和小学要在这个方面认可她的成就。蒙台梭利有关自我教育的学说，可能包括了最有启发性的思想。可惜的是，概念虽好，想法却过时了。蒙台梭利对于"日常生活"活动的应用，更具体的说是她提出的早先对贫民区教育问题的解决方案，是相当有建设性的。最终，我们的考察可能表明，儿童之家是她最重要的贡献。我们拒绝认可对她来说有极大价值的感官训练，除非她先做出重大修改。对于蒙台梭利教具，我们也以这样的态度来加以拒绝。她对于学校学习所做的预备，可能在意大利是有价值的。她关于书写的技术，可能被证明为在各地都能适用。如果最终能够被证实，那么这也是她的贡献。但是到此为止，她的贡献也就结束了。我们并没有从蒙台梭利女士那里得到更多。蒙台梭利的主要贡献是在服务方面，她是创办儿童之家的主要贡献者。她最重要的贡献，可能就在于对科学的教育概念的强调，以及对于自由的实际应用。

/ 提　要/

一、导　言

二、教育即发展

3. 蒙台梭利女士认为发展仅仅是潜能的展开

4. 这种概念不能适应变化的环境，也为自由提供了错误的基础

三、主张自由的学说

1. 来自卢梭的自由学说

2. 蒙台梭利女士错误地把自由建立在潜能展开之上

3. 儿童自由作为儿童研究的先决条件

4. 通过与保守幼儿园的对比，来呈现蒙台梭利的自由学说

5. 蒙台梭利的自由不等于无序

6. 儿童自由的优势

7. 基于自由进行合作

8. 六岁儿童需要掌握多少知识和技能

9. 基于自由可以保障此类知识和技能

10. 通过鼓励适当的冲动，可以规避错误行为

11. 自由地与他人"相处"，这样的儿童学得最好

12. 蒙台梭利女士再次强调自由，这一点值得高度赞赏

四、自我表现的充分性

1. 自我表现是自由的要素

2. 教具能够实现贫乏的自我表现

3. 蒙台梭利学校完全排斥想象的、建构性的游戏

4. 游戏、绘画、模型、故事、戏剧没有得到充分应用

5. "实际生活"活动最适宜提供自我表现的机会

6. 蒙台梭利的课程，整体来说是限制性的

五、自我教育

1. 自我教育的一些设计，是伴随自由而来的

2. 蒙台梭利女士借助机械的、简单的教具来追求自我教育

3. 这样的自我教育太受限了

4. 在真实问题自然而然发生的地方，最好的自我教育也出现了

六、实际生活的练习

1."儿童之家"发源于贫民区，引入了许多出于直接需要的实际特点

2. 其中的许多练习让学生满意，同时又给了他们很好的练习

3. 美国可以考虑设置更长的学校日

4. 专门的实务练习必须匹配社区需求

5. 应鼓励儿童做自助服务

6. 实际服务当中的动机

7. 蒙台梭利女士的"实际生活"练习是当今世界教育的潮流

七、基于教具的感官训练

1. 感官训练是蒙台梭利系统的基础

2. 改善感觉器官，抑或是改善脑联结

3. 一般的训练，抑或是专门的训练

4. 三种理论在教学上的推论

5. 蒙台梭利女士接受了一种被抛弃的理论

6. 教具的基础是错误的

7. 更少形式化的教具，能带来更有用的感官经验

八、学校技艺：读、写、算

1. 对于教育方案的热情，往往也会配合一些惊人的效果

2. 蒙台梭利阅读方法的基础是意大利语作为表音字母的特点

3. 分别教书写的两个元素：(1)掌握工具；(2)对于各个字母的视觉—肌肉印象

4. 蒙台梭利的书写方法是不是一种贡献，尚未有定论

5. 算术教学对美国的贡献很小或者没有贡献

6. 在六岁以前或许不应该教"3R"

九、结　论

1. 蒙台梭利女士应被归于卢梭、裴斯泰洛齐、

福禄贝尔这一班教育家之列

2. 蒙台梭利系统劣于最好的美国教育理论

3. 她最主要的原创性贡献是作为一种社会机构的"儿童之家"

4. 她最重要的贡献在于强调科学的教育概念，以及对自由的实际应用

图书在版编目(CIP)数据

蒙台梭利教育考察报告 /（美）威廉·H.克伯屈著；
丁道勇译. —北京：北京师范大学出版社，2021.2
（思想岛）
ISBN 978-7-303-24447-8

Ⅰ. ①蒙… Ⅱ. ①威… ②丁… Ⅲ. ①学前教育—
教育理论 Ⅳ. ①G610

中国版本图书馆 CIP 数据核字（2018）第 287674 号

营 销 中 心 电 话 010-58807651
北师大出版社高等教育分社微信公众号 新外大街拾玖号

MENGTAISUOLI JIAOYU KAOCHA BAOGAO
出版发行：北京师范大学出版社 www.bnupg.com
北京市西城区新街口外大街 12-3 号
邮政编码：100088
印 刷：北京京师印务有限公司
经 销：全国新华书店
开 本：890 mm×1240 mm 1/32
印 张：4.375
字 数：61 千字
版 次：2021 年 2 月第 1 版
印 次：2021 年 2 月第 1 次印刷
定 价：32.00 元

策划编辑：周益群 责任编辑：董洪伟
美术编辑：李向昕 装帧设计：李向昕
责任校对：陈 民 责任印制：马 洁

版权所有 侵权必究
反盗版、侵权举报电话：010-58800697
北京读者服务部电话：010-58808104
外埠邮购电话：010-58808083
本书如有印装质量问题，请与印制管理部联系调换。
印制管理部电话：010-58805079